日本の柔道 フランスのJUDO

溝口紀子
Mizoguchi Noriko

高文研

はじめに

スポーツを考えるうえで、ヒト・モノ・カネ・イロ（セクシュアリティ）は重要な視点であると思います。とりわけセクシュアリティとは性に関する傾向であり、これまでスポーツで語ることはタブーだったと言えます。

有名なボーヴォワールの著書『第二の性』の一節「人は女に生まれるのではない、女になるのだ」は、社会的、文化的性差（ジェンダー）について明確に表しています。すなわち優先される「第一の性」が男であり、「第二の性」は女であるということです。

とりわけスポーツ界のセクシュアリティではそれが明確であったと言えます。スポーツ界のセクシュアリティは「自然」なものではなく、ジェンダーの中でつくられた「文化」と「歴史」の産物だったからこそタブーであり、無意識に語られてこなかったのかもしれません。

例えば、二〇一三年に女子柔道の国際試合強化選手一五人が、全日本女子ナショナルチーム監督をはじめとした指導陣による暴力行為やパワーハラスメントを受けていたことが明らかになり、その後も助成金不正受給、セクハラ・わいせつ事件が発覚し、社会的にも大きな驚きと衝撃をあたえました。

この問題は、伝統的、権威的な男性社会（ホモソーシャル）である全日本柔道連盟（全柔連）で、指導者は立場の弱い女子選手に理不尽な上下関係を強いて、それが体罰の温床になっていたのです。

このような柔道界のジェンダーバイアス（性差別）に気づいたのは、私が一四歳のとき、女性だけが「白線黒帯」を締めなければいけないことに疑問をもったからです。

当時、講道館の昇段試験を受けるように県の連盟関係者から勧められました。すでに女子では県チャンピオンだったし、なにより同年代の男子にも負けなかったから、女子がつけている白線黒帯ではなく、男子と同じ黒帯をもらえるものと思い込んでいました。結局、私も白線黒帯でした。

私は「男に勝っても、女だから白線入りの帯なんだ」と自分が女であることを初めて不遇に思うと同時に、女ぎらい（ミソジニー）を植え付けられた出来事でもありました。

それからフランス柔道のナショナルチームのコーチになり、フランスの教育的、商業的な柔道や日本では語られない柔道史に触れることで、これまで男性の視線でしか柔道史が語られていなかったことに気づきました。日本に帰国後、柔道界に根を張る女性差別や体罰のルーツを探り、柔道史を研究しました。

歴史的な柔道の正史（講道館史）の中に秘史（大日本武徳会史）が埋もれていて、そのために女性への蔑視・軽視を生んでいることがわかりました。これらのことは著書『性と柔——女子柔道史から問う』（河出ブックス、二〇一三年）にまとめています。

とはいえ、スポーツのジェンダーバイアス（性蔑視）の傾向は、男から女へだけではなく、女から男へという場合もあります。

つまり「第二の性」だったはずの女性が社会的に上位に立つと、「第一の性」でもある男性にハラスメントを起こす場合もあるのです。例えば、スケート連盟の女性の会長による男子選手へのセクハラ疑惑が記憶に新しいでしょう。これまでセクハラは男性から女性が受けるものと思われていましたが、女性の立場が上位になった場合、立場の弱い男性も被害者になることをこの問題は示唆しています。すなわち、女性が上位の立場だからといって暴力やセクハラをしないとは限らないのです。この騒動は女子柔道強化選手への暴力問題と根は同じだと思うのです。

被害に遭ったとされる男子選手は「強制ではない」とコメントしていますが、これはスポーツ界の体質を如実に表現しています。「セクハラ」を受けたと言えば、選手である限り、スポーツ界での自分の立場を悪くしてしまうことを恐れ、抗うことができないようにも見受けられました。なにより問題なのは、そのことすら気づいていないことではないでしょうか。

スポーツのムラ社会では、競技生活を円滑に送るために、選手は指導者や競技団体の幹部からのさまざまなハラスメントを受容し耐え忍ぶ。それが選手の「たしなみ」なのかもしれません。スポーツ界では暴力やセクハラに対してみな寛容だったと思います。「生きづらさ」を感じながらも結果を出すために我慢するしかない。なぜなら、そうしなければスポーツ界では生き残れないからです。

私もそんな「生きづらさ」を感じていましたが、あえて〝ムラ〟から飛び出し、「異端者」となることで乗り越えることができました。

本書では、私が経験した柔道のムラ社会やフランスナショナルチームコーチの経験を通して、ヒト・モノ・カネ・イロの視点から、日本のスポーツのムラ社会の構造について考えていきたいと思います。とりわけ、「生きづらい」ムラ社会の中で、異端児としてどのように生き抜いてきたか、どのようにして「生きる術」を身につけていったのかついて述べていきたいと思います。

本書が、権威や利権の取り巻く生きづらいムラ社会の中で、自分らしく、ブレることなく生きるためのヒントになれば幸いです。

装丁＝商業デザインセンター・増田 絵里
編集部注＝文中一部敬称略／記事中の写真は全て著者提供

＊――目次

第二部　フランスのＪＵＤＯ、日本の柔道

第一部　「柔道ムラ」解体宣言

——勝利偏重主義の呪縛を解く

I　柔道ムラの異端児の誕生

柔道は「ケガがつきもの」「男がするもの」

私は、小学校四年生の春に柔道を始めました。私が育った静岡はスポーツ県で、言い換えれば「部活王国」です。小学校から水泳や陸上、バスケットボールなど部活動が盛んでした。

私は体格がよくて、四年生で体重が四〇キロぐらいあったので、柔道をやっていた同級生たちの目にとまり、「柔道やらない？」「柔道はじめたらやせるよ」と言って誘ってくれたのが始まりです。とはいえ、柔道を始める以前の私はスポーツをやるような活発なタイプではなくて、むしろ書道や絵や作文が得意な小学生でした。

それまで私は、親から言われるままにピアノ、そろばん、学習塾、ゴルフ、スイミング、卓球などをしぶしぶやっていたのですが、柔道だけは自分からやりたいといって始めた習い事でした。仲のいい友達が誘ってくれたうえ、「たのしく痩せるのなら」と安易に思い込んでいました。当時（一九八〇年）は、女子が柔道をやるということはまれでした。私自身も「柔道」と「空手」の違いがわかりませんでした。ちなみに家族で柔道経験者はひとりもいません。ですから母親は「柔道はケガがつきもの。男がするもの」と、私が柔道をやることに心配していました。反対していた母には「もし柔道をしてケガをしてもやめないから、お願い、柔道をやらせて」と約束して、柔道を始めました。

私が住んでいた静岡県磐田郡福田町《ふくで》（現・静岡県磐田市福田）は柔道が盛んな地域で、私は「福田柔道クラブ」というスポーツ少年団に入りました。聞くところによると、福田柔道クラブの前身である「福柔会」は、アジア太平洋戦争敗戦後、元軍人の方々が創設したクラブだそうです。柔道と剣道は戦後、ＧＨＱ（連合国軍最高司令官総司令部）によって学校体育は禁止されましたが、地方の町道場で柔道を教えることは禁止されていませんでした。

入門の日に、柔道衣の着方を教わり、「受け身」の練習をしました。終盤に、道場の先生に「ちょっと投げられてみろ」と言われ、受け身も知らないうちに投げられて、結局、鎖骨を折ってしまいました。母親の心配していたことが起きてしまったのです。しかし、自分からやりたいと言った以上、技のひとつだけでも覚えるくらいまでやらないと面目が立ちません。骨折してもやめようと思いませんでした。それに骨折全治一カ月だと言われながら、一週間で骨がくっついてしまったのです。自分でも「もしかしたら私のポテンシャルすごいんじゃない?」って思いました。

成人してから、その先生に「なぜ初日に投げさせたんですか」と聞いたところ、「根性があるかどうか試したかった」と言っていました。つまり、通過儀礼だったのです。練習初日にもかかわらず、投げられればケガをするかもしれないことを承知のうえで試したということです。いま思えば、これが、私が初めて受ける「男のムラ社会」からの洗礼であったと思います。

「女が男に勝つ」――ジェンダーフリーの快感

骨折が完治し、柔道をやってみると、簡単に男の子を投げることができました。体格がよく、力もあったので、始めてから数カ月で、一年生から柔道を始めている男の子にも負けないくらいの実力になりました。秋になり、初めて参加した柔道大会（引佐《いなさ》柔道大会）では、「四年生の部（男女混合）」で個人優勝を果たしました。

当時は、女の子が男の子に勝てるスポーツはなくて、ボールを使っても男の子のほうが上手だし、水泳や陸上でも男の子のほうが速い。ほかのスポーツでは全然勝てないのに、柔道だけは男子に勝てました。

「女が男に勝つ」——このことがすごく面白くて、ますます柔道にはまっていきました。ジェンダーフリーの快感を知ったのです。その結果、春から始めて、秋には県の地区大会でチャンピオンになりました。

さらに、勝つことで性格も変わっていきました。福田柔道クラブの道場訓が「礼節」でしたので、大きな声で物怖じせず挨拶をすることができるようになり、それまでおとなしい性格で、あまり人と関わろうとしなかった私に、小さな自信が生まれました。

そしてなにより、内に秘めていた闘争本能を覚醒させることになりました。勝つことで自信がつき、また、集団スポーツにはない、自己責任という個の強さを身につけることができました。

学校でのいじめ体験

その後、静岡県のトップクラスに入るようになりましたが、男の子に勝つと妬みも買うし、学校でもけんかが強いやんちゃな男子が私に戦いを挑んでくるようになりました。男の子たちの反撃が始まったのです。

力では負けて投げられるから、私の不意打ちをねらい、後ろから紐で首を締めたり、私の持ち物を隠したり、上靴に画鋲を入れたりとか……、逆に私は入れてないのに、「紀子が画鋲を入れた」と濡れ衣を着せようとするなど、今で言ういじめのような嫌がらせもありました。

当時通っていた小学校ではテレビの校内放送があり、朝の放映時間に「クラスの自慢」を紹介するコーナーがありました。

私たちのクラスは自慢することがなく、ネタに困っていたのですが、ある男の子が「溝口さんを紹介したいです。柔道が強く、体も大きく、男子でも投げ飛ばし、僕らは勝てません。放送では体重を計ってもらい、溝口さんの力自慢を示すために、男子を五人くらいおんぶしてもらいます！」と、意気揚々に提案しました。

これは、私にとってはとても残酷な提案でした。子ども心にそんな稚拙な企画はボツになるだろうと思っていたのですが、満場一致で企画が通りました。

「嫌だ。恥ずかしい。みんなの前で体重計に乗りたくないよ」と言っても、「溝口さんは、クラスの自慢なんだよ」と担任の先生からも説得されました。「みんな、私を自慢というけれど、見せ物じゃないか」と、心の中で叫びました。

放送当日は、めずらしく「腹痛で休みたい」と母親に懇願しました。しかし熱もなかったので登校しました。結局、クラスのためだと思って開き直り、一通り余興をこなしましたが、後味は悪いものでした。そのとき、幼心に柔道の強さは見せ物になってしまうのだということを知りました。この放送の反響は大きく、腕っ節に自信のある男子からの挑戦が毎日続きました。

学校の外でも、柔道をすることで「生きづらさ」を感じ始めました。試合では軽量級だけではなく、重量級の男子にすら勝ってしまうので、相手はプライドがズタズタになります。そのうえ、私に負ければ、先生に責められ殴られるわけです。「私のせいで殴られたら」と思ったりして、柔道が嫌になってしまったのです。小学校六年生の時、自分の中ではもう柔道をやめようと思いました。自分の中では冷めていて、世界に向かうというモチベーションまでは持っていませんでした。

一度柔道をやめようと思いながら続けることになったきっかけは、小学校六年の一二月に福岡国際柔道大会を見学したことです。

ちょうど、女子柔道がオリンピックの正式種目に決まったころで、親や周囲もこのままいけば、もしかしたらオリンピックに出られるかもしれないという期待を持っていたと思います。当時は、山口香さんが全日本女子柔道選手権六連覇していたころでしたが、外国人選手が出る試合を見るのは初めてで、外国人選手と日本人選手が柔道をすると、「なんでこんなにカッコいいんだろう、すごいなあ、柔道ってこんなにカッコいいんだ」って思いました。日本でふだん接している柔道とはまた違う柔道があることを知ったのです。

私は、「自分はそういう運命にあるんだ。オリンピックを目指そう」と思いました。そう腹を括ると、勝つことで人から妬まれたり、疎まれたりしても気にすることもなくなりました。

暴力が支配する世界

中学校では一年の時からレギュラークラスの男子と練習をしていましたが、競技レベルが高くなると、より専門性や競技性も求められるため、レベルの高い女子選手との練習環境が必要だと思っていました。なぜなら身体特性が異なる女子と男子では柔道は違うので、技法や戦略も異なってきます。例えば、腕ひしぎ十字固めなどの関節技をかける場合、男性には極まる十字固めでも、柔軟性のある女性にかけた場合、関節可動域が広く、関節技が効かない場合があります。寝技の場合、一般的に女性は関節技よりも抑え技を施すほうが効果的なのです。

そのうち、福田柔道クラブにも所属していた県内の強豪高校のA先生に声をかけられて、高校の練習に通うようになりました。A先生は地元柔道界の名士で、教え子には全日本チャンピオンもいました。とにかく地元では実績が突出していました。

初めてその高校の柔道部の練習に参加したとき、私は驚愕しました。そこでは、小学校の時のようなコロコロ転がり、ふざけながら投げ合う楽しい柔道とは全く違う、勝つための競技柔道を知りました。

その高校の練習内容は、先生や先輩から殴られたり、蹴られたり、締め落されて脱糞や失禁したりするのは普通のこと、夏の暑いときも、水を飲むことが一切許されませんでした。印象的だったのは、当時柔道場には大太鼓があり、その太鼓のバチで生徒の頭を日常的に殴りつけていたことです。

特に、夏休みに行われた大学での強化合宿では、寝食を共にするので、練習以外でも異常な場面を目撃しました。例えば、度胸をつけるために、深夜にグラウンドに出て芸を披露しなければならないとか、A先生の隣で添い寝しなければいけないとか、科学的エビデンス（根拠）とは無縁の練習方法を経験しました。

とりわけ暴力、上下関係の厳しさ、セクハラに耐えに耐えて勝負に賭けるというのは命がけでした。こんな苦渋を味わい、苦難の修行を積まないと勝てないのかとショックを受けました。

その一方で、ムラ社会に生きていく高校生の知恵に、瞠目したことがあります。

部員たちは、A先生が道場に現れるまでは、練習していなかったのです。下級生のマネージャーを見張り役として、先生が登場する入り口に立たせていました。先生の姿を見た瞬間、見張り役が「あいつが来た！」と合図を送ります。道場から笑い声が消え、部員たちは何事もなかったように乱取り（相手を変えて行う実践練習）を始めます。それまで乱取りは一本もやっていないのに、「正」の字が黒板にいくつも並んで書かれていました。

つまり、A先生が監視しているときは一生懸命やるけれど、いないときはさぼっていたのです。正確に言うと、それはさぼっているのではなく、戦いのための体力を温存していたのです。彼らにとって、しごきは生きるか死ぬか、今日はだれが先生のターゲットになるかわかりません。まともに練習をしていたら、体力も気力も続かないからです。A先生のことを生徒の間では、「先生」と呼ぶものは誰一人いませんでした。みんな、「あいつ」と陰で呼んでいました。

そういう中で練習に通っていて、ある日、高校で柔道事故が起きました。高校二年生の男子部員が練習中に亡くなったのです。

その日、中学一年生だった私は高校に出稽古に行く日でした。父が運転する自動車で高校に到着すると、保護者が出てきて、「Bくんが救急車で運ばれたから今日は帰ってくださ い」と言われました。私は直接、事故を見ていなかったのですが、いつ死んでもおかしくないくらいのスパルタ練習の毎日でしたから、いつもどおりのしごきがあったんだと思いました。

「ついにこの日が来てしまったのか！」と、子ども心に思いました。現場にいた高校生から聞いた話では、いつもどおりのしごきが行われたうえ、当日も、太鼓のバチで何度も頭を殴りつけていたそうです。それは明らかに体罰による暴行でした。結局、練習後の整理体操中に倒れて亡くなった「突然死」として扱われました。内田良・名古屋大学准教授の著書『柔道事故』（河出書房新社、二〇一三年）の「スポーツ振興センターに報告された柔道事故一覧表」をみると、この事故も掲載されていますが、死因は「頭蓋底骨折」なのに、事故概要では「肺気腫による突然死」という矛盾した記述になっていました。

事故後、私たち生徒や保護者などの関係者には箝口令がしかれました。もし約束を破って真実を話せば、次に狙われるのは自分だと思って怯えていました。それは私たち子どもだけでなく、保護者も一緒でした。なぜなら、子どもの進学や就職など、A先生がすべて実権を握っていたからです。

後になって、両親から聞いた話ですが、全国大会などに出た場合の先生やスタッフの旅費、謝礼、接待費用はすべて、保護者が支払っていました。定期的に行われる慰労会も、保護者が持ち回りで費用を払っていたようです。また、連盟や市教委からいただいた餞別はすべて、A先生に渡していたようです。

したがって、先生の取り巻きになるタニマチ的保護者には、会社経営者や自営業など裕福な家庭が多かったです。私の実家は会社経営をしていたので、なんとか費用を捻出できましたが、金銭的に余裕のない家庭は「ない人は、ない人なりに」と言われ、先生の〝召使い〟となって運転手のような仕事を強要され、A先生からハラスメント関係を強いられているようでした。

そのような師従関係は、卒業しても続きました。A先生は教員を退職された後、市議会議員になりました。そのとき選挙では、A先生から柔道の恩恵を受けた人たちが、集票マシーンとなって後援会を組織しました。まさに、結果のためなら手段を選ばないマキャベリズムが横行しました。

柔道ムラを飛び出す

生徒の死亡事故の後、A先生は懲戒処分にはならなかったものの、他の弱小高校へ転勤することになりました。とはいえ名物監督ですから、強い選手をリクルートし、新しい学

中学２年生の時、全日本体重別選手権 56 キロ級に出場し、3 位入賞（中央右側が著者、1986 年）

校の柔道部の強化を始めました。
中学二年生の冬になるころ、A先生から本格的に勧誘の話がありました。A先生にとっては新天地の学校でいち早く結果を出すことで、再び伝統校に返り咲きたいと考えていたのでしょう。私は中学二年生ですでに全日本三位でしたから、鳴り物入りの新人を獲得すれば、すぐに成績は残せます。
地元で一番大きいホテルの和牛しゃぶしゃぶの料亭に、父親と一緒に招待されました。先生の関係者や保護者たちが待ち構えていました。大好きなしゃぶしゃぶでしたが、箸は全く進みませんでした。なぜなら、
〈もしこのしゃぶしゃぶに手を付けた

ら、合意したことになるんじゃないかしら。A先生のもとで本格的に指導を受けたら、強くなるかもしれないけれど、いずれは私も死ぬかもしれない、勝つロボットになる柔道はしたくない。それに、もし私がこのレールに乗ったら、他の友達みたいに、これから全て決められたことに振り回されてしまう。そんな奴隷みたいな人生は嫌だ〉

と思ったからです。

結局、後日、「行く気はない」と先生に伝えました。誘いを断ると、先生は「紀子が来るのなら、練習相手として友達も一緒に高校に入れる」と、さらに強要してきました。これは、業界用語で「抱き合わせ」と呼ばれます。柔道で実績がある生徒がその学校へ進学を決めれば、練習相手という名目であと数名ほどが進学することができるというものです。つまり、練習相手もセットでとるという好条件です。学力がなく、柔道の実力で推薦入学できるかどうかギリギリのラインにある子にとっては、他力本願とはいえ、こんなにありがたい話はないのです。

だから私が、その学校への進学を断ったとき、A先生の教え子の先輩から「お前のせいで、友達が行けなくなったんだぞ」と、非難されました。また、後年になって、同窓会で昔話をしているうちに明らかになったことがあるのですが、実際にA先生の高校に進学した柔道実績のある友達は、「A先生から、『紀子もうちの高校に来る』って誘われて入ったのに実際はそうじゃなかった。先生は『紀子は最後にお前を裏切ったんだ』と言っていた」と聞かされました。

こうやって、柔道ムラのルールからはみ出した者を「異端者」として扱い、ムラの「外」と「内」を区別していくのです。

「部活動ムラ」の誕生

まず、前提として押さえておきたいのは、特に高校では、運動部だけではなく文化部でも、全体的に部活動偏重主義の傾向があることです。先ほど述べた柔道事故を起こした部活動の先生だけが特異体質なのかと初めは思っていました。しかし、静岡県の教育委員を務めてからわかったのですが、実際は文化系の部活動でも同じようなことはたくさんあります。スポーツだけではなくて、部活動という体質があって、成果が出れば出るほど利権や既得権が生まれて、「部活動ムラ」という強固な「ムラ」がつくられる。そして「ムラ」

の長は校長先生ではなく、部活の顧問、指導者です。

部活動の利権や既得権とは、一つは進学という利権です。中学から高校に進学する時に、例えば、実力のある生徒が、自分に声をかけてくれた先生のいる名門校に行くことを決めると、先ほど述べた「抱き合わせ」で、その生徒以外に練習パートナーとしてあと三人行けたりするのです。それは学年をまたぐ場合もあり、兄弟姉妹で同じ学校に入るケースもよくあります。

プロの指導者は、この子はどのぐらい伸びる選手か、ある程度わかります。早くいい選手を取りたい、そのために一人だけくださいではなくて、他の子と「抱き合わせ」で引き抜く、そういう手法です。もちろん「抱き合わせ」で行けばパートナーもいて練習ができるし、相乗効果でその子たちも伸びることもあるけれども、逆に断ろうとすると「お前が行かなかったら、友達も行けなくなるぞ!」って言われるわけです。

また、高校三年生にとって、大学・企業の推薦枠がかかるインターハイ県予選・本戦などで同門対決（同じ学校の先輩対後輩）になると、後輩の選手に勝利を譲るように、先生が指示することもあります。あきらかにこれは不正行為になります。

高校の次は大学、これも同じ構図です。その先生の先輩が教えている大学にいい選手を送り出すのが先輩への恩返しになる。そして大学を出たら教員として学校に戻す。あるいは、コネのある企業に就職させる。これが「ムラ社会」の構図です。

また、推薦や裁量枠で入学した場合、次のような弊害が生じるケースがあり得ます。例えば、生徒と先生が合わなかったり、暴力や体罰があったり、結果も出なかったりするケース――生徒は、先生にこの学校に入れてもらったのだから部活動をやめられない、やめるのだったら学校をやめなければいけないと、保護者も思ったりするわけです。指導力不足の先生は、さらに生徒に圧力をかけてきて、結局、生徒は殴られても何も言えずに三年間我慢する、親にも心配をかけたくないから何も言えないというほうに追い込まれていくのです。

こんなとき、専門ではない副顧問の先生やクラブの卒業生たちが、「先生、それはやり過ぎですよ」と言えればいいんですが、伝統校や強豪校になると、先生は神様で、誰も何も言えなくなる。校長先生が顧問の先生に指導しようとすると、卒業生や保護者が出てきて、校長に圧力をかけたりするのです。

静岡県の教育委員になってから気づいたことですが、私が高校生のときには、静岡県公立高校入試には「スポーツ推薦」という枠はありませんでした。しかし、校長の裁量で行われていた実態がありました。そんな不明瞭さが指摘され、二〇〇八年から「裁量枠」という特別推薦枠が設定されました。

簡単に静岡県の「裁量枠」について説明しますと――

各高校の選抜方法の中に定員の一五%ほどを「裁量枠」として設定します。しかし、この定員枠は各高校により異なり、最大で五〇%のところもあれば、裁量枠を導入しない高校もあります。一般的に裁量枠の大きい学校は部活動が盛んであり、普通高校や専門高校は高めに設定されているように見受けられます。もちろん、これまでどおり、全ての高校が同じ選抜方法で行う「共通枠」もあります。

この制度の課題は、優秀な生徒を確実に獲得できるという長所もありますが、部活偏重主義、推薦枠の利権、体罰の温床というリスクも伴います。実際に、この制度が実は体罰の温床になっているのではないかと、静岡県議会でも指摘されています。

また、ジェンダーバイアス（性差別）の問題もあります。例えば、B高校は県内でトップクラスの進学校ですが、一方で、甲子園の出場経験がある野球部があり、この部活に裁量枠を設定しています。B高校は文武両道で野球の伝統校ですから、私も裁量枠を設定することは支持しますが、野球と限定することで、男子生徒でしか「裁量枠」で受け入れていないことが問題です。つまり、野球部に裁量枠を設定した結果、入試にジェンダーバイアス（性差別）が存在してしまうのです。裁量枠のほとんどが男子を対象としており、おそらく、裁量枠の女子生徒の受け入れに関しては気づいていない、無関心としか思えないのです。これこそが部活動の「男のムラ社会」のまなざしの例と言えるでしょう。

なぜ、部活動の指導者が生徒やクラブを私物化してしまうのか？

部活動の大きな問題の一つとして、なぜ部活動の指導者が生徒やクラブを私物化してしまうのでしょうか。

日本の指導者というのは、選手の〝親〟になってしまうのです。親心を持っているから、殴ってもかまわないという、誤った懲戒権の解釈をし、さらに当の親も子どもを叱れないために、「先生、こどもを殴ってください」と言う。これでは育児放棄でダメなんです。

また、日本独特のムラ社会が長く続けば続くほど、利権が集中してムラ自体が強固になってしまい、若手指導者もなかなか育ってこないわけです。とりわけ、なぜ公立高校で名門の先生でいられるのか？——それは名門の環境にいるからなんです。静岡県の場合、七年で移動することが一定の基準になっていますが、二〇年以上、同一校に勤務しているケースがあります。高校の名物教師だからこそ、異動させないというインセンティブを与える意味合いもあるようですが、全く新しい高校で強いチームを作ってみて初めて、指導者として本物と言えるのではないでしょうか。いろいろな既得権益や誘惑を立ち切って、チャンピオンを育てられるかということなんです。指導者も覚悟する必要があると思います。

フランスの社会学者のモースは著書『贈与論』（ちくま学芸文庫、吉田禎吾・江川純一訳）で、親縁諸部族の特徴を「十分にお返しをする義務は強制的なものであり、お返しをしなかったり同じ価値のものを破壊しなかったりすると永久に『面子』を失うことになる」と述べています。

近代の日本でも、〝柔道部族〟がムラ（共同体）を形成し、指導者は首長であるために贈与交換を行っていたとも言えるでしょう。これは柔道だけでなく、日本のスポーツ界がそれぞれの競技でムラを形成していたとも言えます。

「スポーツはボランティア精神、お金をかけるものではない」と言われますが、とんでもないです。実際には、指導者のボランティア精神は建前で、指導結果に応じて保護者からなんらかの見返りがあり、指導者は進路や進学の仲介役となっていきます。そして周囲も「抱き合わせ」などの再配分がなされるのです。

このように日本のスポーツ界は独特なスポーツムラを形成し、暴力・体罰・セクハラなどを容認してきたと言えます。

部活動ムラを変えること——それは突き詰めれば、日本の教育や学校教育のあり方すら変えることになると思います。そういう意味では、社会体育の存在が今大きくなっていると思います。社会体育とは、学校のスポーツ活動ではなく、地域でスポーツ活動をすることを言います。例えば野球の場合で言うと、学校の野球部（軟式）に所属せず、地域のリトルリーグ（硬式）のクラブに所属したり、サッカーの場合では学校のサッカー部に所属せず、地域のプロのクラブチームのユースに所属したりすることです。また五輪種目ではフィギュアスケートやスノーボードも部活動ではなく、社会体育での活動になると思います。

部活から社会体育への移行にはまだ時間がかかるかもしれませんが、時間の問題だと思います。まずは指導者ももっと話し合って、情報を共有して問題をきちんと顕在化できる体質を作る。ムラと関係がない人を、どんどん入れていく。どれだけ多様になれるか、引き出しをいかにたくさん持っているかが問われていると思います。

暴力無しでもちゃんと成果は出せる

話を私の高校進学の時に戻します。

私の家族には柔道家はいなかったので、そもそも、「柔道ムラ」の構造や怖さを知らなかったのでしょう。両親は「強豪校に行かなくても勉強を頑張って進学校に進めばいい」と冷静に言ってくれたので助かりました。

そこで、中学校の部活の先生に相談しました。顧問の先生は「よしわかった。俺がちゃんと面倒見るから」とおっしゃってくださいました。「その代わり、特別扱いはできない。普通の柔道部の部員としての練習しかできない」と。すでに全日本の強化選手となっていた私であっても依怙贔屓することはありませんでした。その先生はもともとハンドボールの選手で、柔道は全くの素人でしたから、中三の男子に投げられていました。弱くて実績もありませんでしたが、若かったこともあり、昇段試合に挑戦して黒帯をとって威厳をみせてくれました。また、「お前を守る」と言ってくださったことがものすごく嬉しくて、部活動の先生とはこうあるべきだと思いました。

本章では部活動の〝陰〟である「ムラ」が存在することを述べていますが、一方で、このように純粋に、一生懸命、部活動を支えている教員も存在します。私はそのような先生たちが存在したから幸いにも救われました。

しかし、そうはいっても、地元で有名な先生の勧誘を断ったので、リスクを冒してまで「厄介者の溝口」を取りたいと手をあげる強豪校の先生はいません。なぜなら、今度はその先生にA先生は報復をするからです。それぐらい圧倒的な存在の名物先生でした。

ですから、私は柔道ではなく、学力で進学できるように努力しました。柔道が強くても進学できない状況を自ら選択したのだからしかたがありません。そこで、部活動後は大手の進学塾に通い始めました。その進学塾の統一模試で、科目別で一番を取ったこともあり、学区で一番の特別選抜クラスに属していました。朝の五時から特訓講座を受け、九時に県大会の柔道試合に臨んだこともあります。

毎日、学校に六時半ころ登校し、中学校の前にある遠州灘の砂浜を四キロメートル走り、防風林の松を相手に打ち込みをしました。授業終了後は部活と塾通いで帰宅は夜の一一時くらいでした。それから学校の宿題を終わらせて、一時頃、ようやく就寝する生活でした。

とにかく、有名なA先生から離れたから、溝口はダメになったと言われたくなかったので、試験勉強と並行して猛練習をこなして、中学校三年生の時には、あこがれていた山口香さんと同じ階級に変更し、全日本女子柔道選手権で二位になりました。

そのことが「暴力無しでもちゃんと成果は出せる」ということを自分で証明し、自信になりました。

四面楚歌――高校時代に身につけた「生きる知恵」

一九八七年四月、高校は柔道の強豪校ではなく、進学校の浜松西高校に入学しました。当時は学区制があり、当初は地区で一番の進学校のC高校を希望していました。二つ上の兄がC高校に進学していたので、柔道部のことをきくと、進学校なので強化している雰囲気ではないということでした。

そこで、母の実家のある浜松に住所を変更し、進学校の中でも柔道が強かった浜松西高校を選択しました。浜松西はもともとは旧制高校（浜松二中）で男子高校でしたが、私が入学したときには一学年三六〇人中、女子が四〇人という割合でした。男女共学とはいえ、やはり当時は男のムラ社会でした。また、浜松西高校は同窓生に、スポーツ界で初めて文化勲章を受賞した、「フジヤマのトビウオ」の古橋広之進氏、警察庁長官を務めた國松孝次氏、最近ではノーベル物理学賞を受賞した天野浩・名古屋大学教授など、文武両道の高校です。

浜松西高校柔道部の顧問の飯田稔先生は退職間近だったのですが、とても穏やかな先生で、「練習は足りないだろうから自分で出稽古してもいい」と、自主性を重んじる一方で、「全日本の代表選手になっても、特別視はしない。普通の高校生としてやるべきことはやりなさい」と言ってくださいました。私は、自分で練習計画を立てて、出稽古などをして必死に練習しました。

先に述べたように、私は地元の柔道界に影響力がある強豪の名門校の先生から離れてしまったので、裏切り者みたいな存在で完全に外におかれ、四面楚歌の状態でした。

なぜそこまで徹底的に報復を受けるかというと、柔道ムラの外で柔道を続け、そこで成績を残し、成功例となってしまっては困るからです。「体罰を受けずに強くなる」「進学校に行って強くなる」——これでは、柔道ムラのマーケットが崩れるからです。とりわけA先生は典型的な柔道ムラの頂点にいた名士ですから、警察、教員にも教え子がたくさんいました。進学校に入学してからというもの、A先生の関係者の学校や警察署での出稽古先で門前払いされたこともたびたびありました。

試合でも、A先生の教え子や関係者が審判員だったりすると、いくら相手を投げても、「一本」にはならず、「有効」止まりなんてこともありました。A先生が会場にいるかぎり、関係者たちも逆らえないわけです。

こんな状況に置かれた高校一年生の一学期、私は鬱状態になりました。「努力しても報われない」「大人たちはがんばれよとは言うけど、みんな、A先生を恐れてなにも力にはなってくれない」と落ち込みました。

そのうえ、文武両道の壁にぶつかりました。当時の浜松西高は、テストのたびに成績優秀者の序列が張り出され、朝の補講・夕方の補講が行われ、さらに学習塾と毎月の学外模試というような、〝勉強漬け〟の毎日で、とても柔道をするような余裕はありませんでした。そのような中で、柔道で結果を出すというのは不可能だと思いました。

加えて、同級生たちの考え方とのギャップにも戸惑いました。彼らが語る〝夢〟の大半が、「猛勉強して国立大学合格、もしくは有名私大に入学。学生デビューでバブルを謳歌する」というものでした。その一方で、私が「オリンピックで金メダル取る！」と声をあげると、なんでここにいるの？　というような視線を感じました。

当時の私は、自分の居場所を見いだすことができずに悶々とした学校生活を送っていたのです。学校を中退し、県外の高校へ転校するか、夏休みまでに自分で答えを出そうと本気で考えていました。

そんなギャップを感じていた高校一年の九月、アメリカ・コロラドスプリングスで行われた環太平洋柔道選手権に、日本代表として派遣されました。そのときの私は、無理な減量がたたり、極度の貧血状態でした。高地トレーニングで有名な、標高三〇〇〇メートル近くあるコロラドスプリングスに着いて、貧血状態で鉄分が枯渇していた私は、すぐに酸素不足、発熱して試合直前まで寝たきりになりました。それでも無理して試合に出てしまったので、試合中に倒れてしまいました。帰りの飛行機ではファーストクラスに移され、成田に到着すると病院に緊急搬送されました。そのとき、成田の病院まで付き添いをしてくださったのが、当時、全日本女子コーチで、後に恩師となる埼玉大学の野瀬清喜監督でした。

私の身体は、極端な減量と激しい練習で栄養失調になり、鉄欠乏性貧血と免疫不全状態になっていました。それまで、自分のプライドが邪魔をして、現実の状況に向き合うことができず、柔道ムラの報復に苦しむ自分を憐れみ、それを環境や周囲の人間のせいだと思っていたことに気づきました。そして、自分自身と向き合いました。


どうしてわたしはここまで自分を追い込み、打ちのめされなければいけないのか？

わたしが一番やりたいことはなにか？

わたししかできないこととはなにか？

わたしにしかできない方法とはなにか？


柔道ムラの壁を一人で越えようと思っていたけれど、もう柔道ムラの内に私はいないのだから、柔道ムラの内にいる人たちを妬むのはやめよう。

ならばムラの外でできる範囲のことを自分なりのスタンスで取り組めばいいのではないか。最高の柔道環境に変えるのは難しいけれど、自分自身が変わればいい。

柔道ムラの外には私しかいない。その私が結果を出すことで、「暴力や利権を使わなくてもちゃんと成果は出せる」ということを証明できる。

私の存在意義はここにある。

そこで、どうやってこの環境を変えていくか、子どもながらに考えたのは、審判が味方してくれないアウェイの大会で勝つためには、立技より寝技を強化することだと思ったのです。具体的に言うと、押さえることを徹底することです。立技は審判員の主観が入り、ジャッジが曖昧になってしまう傾向があります。しかし、寝技に持ちこんで押さえ込めば、タイマーが審判になってくれるので、確実に「一本」が取れる。当時のルールでは、押さえ込みは三〇秒で「一本」でした。投げての「一本」は豪快ですが、地味でも三〇秒押さえ込めば「一本勝ち」できるのです。もちろん、寝技には関節技や絞め技の選択肢もありますが、技の効果には審判の主観が入ります。審判が「入っていない」「決まっていない」と言えば、その判定を覆すことができません。そういうケースで負けたときもありましたから、押さえ込みを強化したのです。

とにかく、試合で一本勝ちできるように寝技に持ち込むこと。そのために、審判から「待て」がかからないように早く押さえようと、立技から寝技へ移行するスピードを徹底して練習しました。「ムラ」の外の人間だから、結果を出さなければ潰される、生き抜いていくためには、卓越するしかないと本気で思いました。

このような戦略は、「生きづらい」柔道ムラの外にいたからこそ、「生きる知恵」が身についたのだと思います。これほどの「生きる知恵」をもっていなければ、柔道ムラ社会とは対峙できないからです。

なぜ、私がこの柔道ムラのエピソードを告白するのか。そのきっかけはA先生の葬儀に出席したことでした。

生前、A先生は般若のような鬼の表情をしていると私の中では思い込んでいたのですが、ご遺体に対面したとき、とても柔和なお顔立ちで本当に「仏さま」になったと思いました。その時、A先生はなりたくて鬼になったのではなく、柔道ムラがA先生という鬼を作り出したこと、ある意味では、A先生も柔道ムラの被害者であったことに気がついたのです。

加えて、当時、柔道による死亡事故が相次いで起きていたことも影響しています。先の内田良・名古屋大学准教授は、一九八三年から二〇一三年の三〇年間で一一八名の中高生が学校柔道で死亡していることを報告しています（前掲『柔道事故』）。

なぜ、この暴力的文化が今まで放置されてきたのか。柔道界には体罰による死亡事故が存在していることに気がつきました。これ以上、子どもたちを柔道で死なせてはいけない。

magACTU
Le prix de l'or
DERRIÈRE LA SUPRÉMATIE DU JAPON EN JUDO, DES MÉTHODES D'UN AUTRE TEMPS.
Noriko Mizoguchi
48 L'ÉQUIPE MAG N° 1520 3 SEPTEMBRE 2011
L'ÉQUIPE MAG N° 1520 3 SEPTEMBRE 2011 49

『レキップ・マガジン(L'Equipe Magagine)』(2011年9月3日号)に掲載された記事(冒頭部分)

救える命があるのなら救いたい。私の経験した柔道事故を話すことが、柔道ムラの体質改善、事故の再発防止にもなるし、A先生やB君への供養にもなるのではないかと思ったからです。

そこで、フランスの有力なスポーツ誌『レキップ・マガジン』(L'Equipe Magagine 二〇一一年九月三日号)に、日本柔道における重大事故ならびに暴行(しごき)の問題について、フランス語で論考を書き上げて投稿しました。柔道事故が社会問題化しつつあるタイミングで、柔道事故が一件も起きていないフランスから、情報を発信することによって、大きな反響が国内外に起こりました。

同じ柔道をするフランスでは子どもの重大事故はゼロなのに、なぜ、日本だけが著しく柔道事故が多発するのか、柔道が危険なのではなく、日本柔道の取り組み方が危険であると、警鐘を鳴らしたかったのです。

「生きづらさ」を「生きる術」に変える

私の高校時代のライバルは、全日本女子柔道選手権で一〇連覇、世界チャンピオンの山口香さんでした。山口さんは、筑波大学という、日本でもトップクラスの練習環境に恵まれたところで練習をしていました。地方の公立弱小高校の私が、まともに練習しても勝てるわけがないと思いました。

そこで、技術では敵わないから、体力だけは負けないように自分で鍛えようと、バス通学をやめ、八キロメートル以内の移動手段はすべてマラソンに切り換えました。教科書などはリュックに放り込み、浜松駅から高校まで毎日マラソンで通いました。高校には一番早く登校し、さらに高校の外周を一〇周（約八キロメートル）走りました。

その成果は、高校三年間、校内マラソン大会では負け知らずの三連覇を達成しました。あまりにも速かったので、陸上部から駅伝の助っ人のオファーがあったほどです。今では現役時代よりも増量してしまったので想像もつかないかもしれませんが、ナショナルチームでもマラソンではつねにトップでした（最大酸素摂取量では、マラソンの日本代表と同じレベルだった）。さらにウエイトトレーニングも、高校のＯＢが経営しているジムに通い、本格的に始めました。当時の体重は五二キロで、ベンチプレスは八二・五キロまで挙げることができました。

柔道技術の習得は、学校の休みを利用して、埼玉大学や全日本の合宿などで全日本コーチから教わり、地元に戻ったら徹底的な反復練習で身につけることができました。もちろん、普段の部活の練習では足りず、出稽古も西高のＯＢが監督をしていた浜松商業や新居中学へ出向きました。所属は違っても、顧問の先生方は自分の教え子のように接してくれ、生徒たちも仲間として受け入れてくれました。練習後はありがたい気持ちがいっぱいで、帰りの電車では自然と涙がこぼれていました。

感謝の気持ちが生まれると、自分の考え方を変えれば、自分の置かれた環境を変えられることに気づきました。それは「生きづらさ」を「生きる術」に変える「変身の術」でした。まさに発想の転換です。柔道ムラの中に入らなければ、強化はできないと思っていましたが、状況を冷静に受け入れ、人の力を借りることで、ムラの外でも練習環境を構築することができました。

「変身の術」を体得した私は、技を一つ覚える以上に、大きな自信になりました。人ができないことをやれたのだから、絶対に結果につながる、つなげてみせると自分を鼓舞したのです。

それ以降、試合結果は飛躍的によくなりました。

一九八七年一二月の福岡国際柔道大会では三位に入賞しました。翌八八年二月に行われたパリ国際（現在のグランドスラム）では、史上最年少の一六歳で、本大会日本人女性初の金メダルを獲得しました。私にとって自信となった大会でした。いま思えば、大会がフランスで行われたというのも運命を感じます。パリ国際は、強豪国から四人くらい派遣できるので出場選手も多く、世界選手権より勝つのが難しいと言われていましたが、私にとっては相性がよく、結局、パリ国際では四回優勝しました。

当時の私の戦術は、スタミナを活かすことでした。技術力や筋力はないので、スタミナ戦に持ち込み、後半、相手がバテたところを一気に攻め込む戦法でした。

柔道の場合、場外に出ると、審判員が「待て」と言って、選手を試合場の真ん中に戻します。この「待て」の五秒くらいの休憩を利用して、つぎの展開を組み立てたり、心拍数を戻します。疲労した場合には、わざとゆっくり戻ったり、帯をゆっくり締め直したりします。私はこれを逆手にとり、走って開始線に戻り、タラタラ戻ってくる対戦相手を余裕しゃくしゃくのすました顔で待ちました。これは休憩時間を稼ごうとしている選手に心理的にダメージを与えますし、審判も早く戻るように促します。何より私の元気はつらつとした態度に、フランスの観客が拍手や声援を送ってくれたのです。フランスの観客は地元選手と対戦しても、私に声援を送ってくれました。

地元フランス選手のドゥイエ選手（二〇〇〇年のシドニー五輪で、篠原選手に勝った重量級の選手）より、私は多く優勝していますから、それがいかに難しいかわかるかと思います。

そして万全を期して臨んだ高校二年の一九八八年一〇月、全日本女子柔道選手権で憧れの山口選手の一一連覇を阻止し、全日本チャンピオンになりました。

ソウル五輪が終わったばかりの山口選手は、モチベーションが下がっているように見えました。また、この試合を最後に、四八キロ級に変更するとも聞いていたので、これが最後の対戦チャンスになると思いました。

実際に組んでみると、山口選手の組み手が軽く感じました。その時、絶対に勝てると確信しました。その気持ちの強さは、柔道の練習だけで体得したものではなく、柔道ムラの外で獲得した「生きる知恵」「生きる術」によるものであったことは間違いありません。それは同時に、柔道ムラの異端者として生きていく覚悟を決めたきっかけにもなりました。

勝つために必要な「自己肯定感」

埼玉大学に進学を決めたのは、やはり野瀬先生に指導を受けたいという気持ちがあったからです。当時の全日本のコーチの中で、野瀬先生が最もコーチング力があると思っていました。野瀬先生は五輪チャンピオンでも世界チャンピオンでもありませんでしたが、当時の指導者の中で技術を自分の言葉で説明できるという稀有な存在でした。それまでのコーチは、自分のキャリアに圧倒的な自信を持っていて、「こうやって、こうやる」といって具体的な説明をしないまま、得意技を見せて、後は技術を盗めという指導法が一般的でした。

しかし、野瀬先生は「貝の殻を剥ぎ取るように腕をとる」といったような独自のレトリックを用いて、ことば巧みに指導する方法がユニークでした。練習内容は厳しかったのですが、他の指導者のように殴ったり蹴ったりするような体罰のコーチングではなく、言

1996年当時の女子柔道日本代表選手（著者は前列左から二人目、後列左端が野瀬清喜監督）

語化していく指導法は、体罰なしで育ってきた私には適していると確信しました。また、私自身が教員志望だったこともあり、教育学部がある埼玉大学に魅力を感じました。

とはいえ、当時の埼玉大学は地方の国立大学で、柔道に関しては全国的な実績がない大学でした。残念なことですが、私以外、埼玉大学から五輪に出場した学生はいません。他の部活動も世界的に活躍している顕著な活動はあまりありません。環境的にも、私学の体育大学のような恵まれた環境とは言えませんでした。入学したころは、女子の更衣室やトイレもなく、教官室をシェアして使用していました。それでも、私にとっては高校時代、埼玉大学よりも環境がよくない中で実績を残してきたのであまり気になりませんでした。

それよりも入学して気になったのは、環境よりも学生たちの意識のギャップでした。他の学生は、新入生歓迎会やコンパの毎日で「大学デビュー」を果たす中、私は、厳しい減量があり、普段から食事制限をしなければならず、泣く泣くコンパの誘いを断りました。せっかく仲良くなった友達がコンパに誘ってくれても断り、つきあいの悪い溝口と思われることも苦痛でした。

さらに、一人暮らしを始め、減量の食事メニューを考えて自炊をしなければならなくなりました。高校時代は母が毎朝、私の体重や体調をみてカロリーや栄養を考えて、お弁当や食事を作ってくれましたが、大学生になるとすべて、自分で栄養を考えて食事を作ることになりました。

慣れない大学生活が始まった矢先の一九九〇年五月、全日本体重別に出場しました。優勝確実と言われながら、決勝で植田睦選手に負けました。その原因は減量の失敗でした。生活環境が変わったことで環境に適応できず、体重が全く落ちなかったのです。大会の前日の計量で一・二キロオーバーでした。すでに飲まず食わずの状態で体重オーバーなので、もう無理だと思いました。

意識がもうろうとしている中で、野瀬先生が「絶対落とせ」と叱咤してくれました。深夜まで走ったり、お風呂に入って乾ききった体から汗を絞り出したことで、なんとか試合当日の朝、二〇〇グラムオーバーまでになりました。あとの二〇〇グラムはチューインガムを噛み、唾液をすべてタオルに吐き出しました。最後は全裸で公式計量に臨み、なんとかパスすることができました。どうにか計量にパスしたとはいえ、身体のほうはフラフラでした。計量を終えて水分補給すると、スポンジのような身体が水分を吸収して全身がパンパンに浮腫《むく》んでしまいました。

一回戦から試合内容はよくありませんでしたが、気力で決勝までいきました。植田選手は同級生で、柔道の名門筑波大学に進学した新進気鋭の選手でした。当日、私は「格下の選手」と油断していました。減量失敗でフラフラの私は、植田選手の大外刈りで簡単に宙を舞いました。一本と言われてもおかしくないほど見事でしたが、「技あり」に止まりました。その後、猛反撃してポイントを累積しましたが、「技あり」まで追いつくことはできず、完敗しました。

植田選手はこの勝利で自信をもち、一気にアジアチャンピオン、世界で三位の実力者になりました。私はこの間、植田選手に一度も勝つことができませんでした。国際大会では外国人選手に勝つのですが、植田選手だけは苦手意識を抱えてしまい、いつも勝てませんでした。植田選手と対戦するたびに自信を失っていったのです。

当時、辛かったことは、「ポスト山口香」と期待されて、名監督野瀬先生の埼玉大学に鳴り物入りで入学したにもかかわらず、ナンバー2に成り下がってしまったことです。練習環境に恵まれなかった高校時代よりも環境はよくなっているし、高校時代よりも練習量も多くなっているのに、さらに国際大会では以前よりも着実に実績を残すことができるのに日本代表になれない。なぜなら私の成長以上に、ライバルの植田選手の成長が飛び抜けていたからです。当時は、出口の見えないトンネルの中にいる気がしました。

そんな状態であった一九九二年二月、ドイツ国際大会前の練習で、野瀬先生に稽古をつけてもらっているとき、肋骨を骨折して大会を棄権しました。ドイツ国際はバルセロナ五輪の選考大会のひとつだったので、正直もうだめだと思いました。怪我のために選考大会を棄権したことで、私が代表を獲得するには、最終選考会の全日本選抜体重別で優勝するしか道はありませんでした。まさに一発勝負の、逆転のワンチャンスでした。

怪我で落ち込んでいるときに、野瀬先生が「負けた責任はすべて俺がとるから、お前は自分を信じて最後のチャンスに賭けろ」と言ってくれました。この一言で自分がこれまで背負っていたプレッシャーから解放された気がしました。

さらに先生は、「溝口は逆転が得意な選手。追い込まれるほど力を発揮する野生の勘がお前の良さだ。それを出せばかならず代表になれる。お前は、最後はかならず勝つ選手だから、自分を信じろ」と励ましてくれました。大学に入学してから自信を失っていましたが、野瀬先生の一言で、初めて自己肯定感を持てた瞬間でした。

日本の指導法は、選手が負けたら責めることが多いです。つまり自己反省し、自己否定することを要求するのです。私も自分の努力が足りないから、センスや技術が植田選手より劣っているから負けていると思っていました。自分に自信がない、ということは、選手の持っている力を半減させてしまうことになります。それよりも選手自身が、自分の弱点を把握したうえで、長所や強みに自信をもち、自己肯定感を持つことで潜在能力を引き出すことができるのです。

自己肯定感を取り戻した私は、一皮向けた選手に変身していました。最終選考会では二年間勝てなかった植田選手を決勝で破り、五輪代表を獲得しました。

五輪代表となってからは、水を得た魚になったように、練習をするたびに自信がつきました。それは私の柔道キャリアで最も充実していた時期です。当時の私は負ける気がしませんでした。

本番のバルセロナ五輪では、地元スペインのムニョス選手に接戦で破れ、銀メダルを獲得しました。下馬評ではメダリスト候補ではなかったので、大会前のプレッシャーは全くありませんでした。

大会当日は絶好調で、世界チャンピオンや欧州チャンピオンを逆転で撃破し、決勝に臨みました。勢いづいた私は決勝も、無名だった地元のムニョス選手を簡単に撃破できると思っていました。しかし、決勝戦は、予選のときの雰囲気と全く変わっていました。地元の選手の登場ということで会場は異常な盛り上がりでした。

試合が始まってすぐに圧倒的に自分が不利であることがわかりました。いつものように開始線に走って戻っても会場の観客は、私にブーイングをかけ、消極的なムニョス選手に審判もペナルティを出しません。そのうえ、得意の寝技に持ち込むと、すぐさま「待て」と寝技を中断させたのです。あまりに理不尽なジャッジに、私は「Ｗｈｙ？」と、審判員に直接抗議をしました。当時、日本人で審判員に抗議する選手はいませんでしたので、「掟破り」ではありましたが……。とはいえ、このまま審判員に頼っていては勝てないと、焦って投げ技で勝負にいくと、技を返されてポイントを取られました。そのあと猛攻撃しますが、結局、試合に負けました。

バルセロナ五輪に出場した著者。中央は古賀稔彦選手（1992 年）

悔しい銀メダルでしたが、自信にもなったメダルでした。当時、日本選手団長だった神永昭夫先生からは、「溝口、お前はよくやった。ここがスペインでなければ金メダルだったから、胸を張りなさい」と、試合後、落胆する私を労《ねぎら》ってくれました。

バルセロナから帰国すると、周囲の私に対する見方が全く違うことに戸惑いを感じました。五輪後の試合では、勝てば「さすが」、負ければ「まさか」。新聞の見出しには、どんな結果を出しても名前に銀メダリストの冠が付きました。バルセロナからアトランタまでの四年間は、とても辛い四年間でした。階級を五六キロ級に変えて、重圧を乗り越えました。

国際大会で二階級を制覇し、最終五輪選考会

アトランタ五輪に出場した女子柔道の選手たち。左から田村亮子（48キロ級）、菅原教子（52キロ級）、著者、恵本裕子（61キロ級）、一見理沙（66キロ級）

でライバルの立野千代里選手に勝ち、二度目の五輪代表を獲得しました。「もう金しかない」と挑んだアトランタ五輪では、「まさか」の三回戦で敗退しました。その時にはもう戦うエネルギーは私には残っていませんでした。自分の人生のすべてを賭けて努力しても報われないことがあると、人生で初めて思いました。「もうこれ以上は強くなれない。やめよう」と引退を決意しました。

ところで、なぜ、私が経験したような勝利偏重主義、マキャベリズムの「柔道ムラ」ができあがったのでしょうか？　嘉納治五郎が説いた「精力善用自他共栄」（柔道で培った精神や肉体を、社会の役に立つことに用いることで互いに助け、互いに譲りあうことができる）が柔道の哲学であるのに、柔道界はいつから勝利偏重主義に傾倒していったのでしょうか？

次の章では、戦後の柔道史を探ることで、男たちの柔道ムラの形成について考えてみます。

II　なぜ、勝利偏重主義が生まれたのか

戦後の柔道復活の動き

戦前、柔道界は講道館と大日本武徳会（武徳会）の二大組織が存在しました。私は「講道館」から段位をもらうのが当然と思っていましたが、フランスには「武徳会」で段位を取ったという人がいた、という史実をフランスのコーチ時代（二〇〇二〜〇四年）に知りました。そこで自分の認識に疑問を持ち、帰国してから資料の収集を始めました。

武徳会は戦前の日本で生まれ、皇族が総裁を、各府県の知事が支部長を務める一大組織

でした。武徳会は、一八九五（明治二八）年、初代総裁に皇族の小松宮彰仁親王、会長には実業家・政治家であった渡辺千冬を頂きに、軍人、内務官僚のほか、武術の大家を役員に据え、日本の武術の振興、教育、顕彰を目的とする財団法人として設立されました。全国の武道団体を統括する組織だったのです。

当時の組織の大きさは一九〇六年四月一日付けで会員は一一一万二四三四人（特別会員三万二〇三一人、正会員一〇〇万九九九六人、賛助会員七万四〇七人）と、一〇〇万人を超える国家的な武術団体でした。講道館では一九七七年まで女子の試合を禁じていましたが、武徳会は女子の試合も容認していたそうです。このことについては拙著『性と柔』にまとめましたので、そちらを参考にしていただきたいと思います。

武徳会の柔術は、一九〇六年七月、武徳会会長の大浦子爵から嘉納治五郎に対して、流派にこだわらないで行える「形」を作ってほしいという要望があり、これを受けた嘉納が委員長となり、武徳会本部にて、柔術一〇流派・師範二〇名によって「大日本武徳会柔術形制定委員会」が結成されました。一週間をかけてそれまで統一されていなかった技をまとめ、「大日本武徳会柔術形」を制定したのです。こうして、嘉納が委員長となって種々の流派を統一した「形」が初めて制定されました。この当時の「形」とは現在の「技」の名称のことです。

しかしアジア太平洋戦争の敗戦で、大日本武徳会は軍国主義を担ったとして、ＧＨＱ（連合国軍最高司令官総司令部）より解散を命じられました。一方の講道館は民間の町道場の代表として存続を認められました。

第二章では、戦後、講道館という一つの組織に柔道界が再編成される中で、なぜ勝利偏重主義、暴力を容認する体質になっていったのかを、戦後の国内外の柔道史をひも解きながら考えてみます。

国際柔道連盟の発足

戦後、ＧＨＱの占領下で、日本柔道は講道館を中心に復活の道を歩んでいました。海外では国際柔道連盟（ＩＪＦ）が一九五一年七月に初代会長イタリアのアンドレ・トルチのもとで結成されました。

しかし、欧州における組織化は戦前より始まっていました。一九三二年にはドイツ・フランクフルトにおいて夏季柔道大会が開催され、ヨーロッパ柔道連盟が設立されました。

特にドイツでは、ヒトラー政権の下、ベルリン五輪（一九三六年）を成功裏に収め、体育局の中に柔術・柔道連盟が組織化されたのです。

戦後の一九四八年、第一四回ロンドンオリンピック大会開催を契機として、イギリス、イタリア、スイス、オランダの四カ国によって、ヨーロッパ柔道連合（ＥＪＵ）が結成されました。このとき国内の柔道界の統一がまだできていなかったフランスは参加を見合わせていましたが、五〇年になってＥＪＵに加盟しました。ＥＪＵの参加国は一一カ国となり、本格的に活動を展開するようになりました。翌五一年七月、ロンドンでＥＪＵ第四回総会が開催され、アルゼンチンからの参加申込があり、国際柔道連盟（ＩＪＦ）と改称したのです。

つまり、日本抜きで、欧州柔道連合（ＥＪＵ）が前身となり、アルゼンチンが加わって国際柔道連盟が誕生したのです。戦後の国際柔道の舞台では、欧州が主導権を握っていました。しかし、さすがにその際、ＥＪＵは日本に配慮して、講道館館長宛に、第四回ＥＪＵ総会への館長推薦の代表者を派遣してほしい旨の招請状を送りました。しかし、このような重要な会議にもかかわらず、講道館は派遣を見送ったのです（村田直樹『柔道の国際化――その歴史と課題』日本武道館、二〇一一年）。

ＥＪＵ第四回総会が開催された一九五一年、日本はまだ独立を回復していませんでした。戦前、講道館とともに武道を支えてきた武徳会は解散を命じられ、学校柔道は全面的に禁止されていました。このような状況下では、国際柔道連盟の加盟を議論する余裕は、日本にはなかったでしょう。講道館にとっても、日本の柔道界の指導的地位を掌握したとはいえ、国外の情報戦略にまで手が回らなかったのが実情だと思います。

国際柔道連盟と全日本柔道連盟との確執

一九五一年九月八日、日本政府はサンフランシスコ講和条約に調印、翌五二年四月二八日に同条約が発効し、日本は正式に国家としての主権を回復しました。それを受け、同年一二月一〇日、国際柔道連盟に加盟し、講道館館長・全日本柔道連盟会長であった嘉納履《り》正《せい》が第二代国際柔道連盟会長に就任しました。

嘉納が国際柔道連盟会長に就任するシナリオは、事前に準備されていたと言えます。嘉納は会長就任前に、国際柔道親善使節団長として、五一年一一月二八日から翌五二年二月一五日まで、欧米九カ国を巡歴していたのです。それらを企画したのが、フランス柔道連盟のボネモリ会長であり、嘉納履正講道館館長に招待状を送ったのがきっかけでした。
ボネモリが考えた嘉納履正会長の招聘は、国際柔道親善使節団として国際親善が表向きの理由と言えますが、本音の部分では、柔道の本家の講道館をＩＪＦの主導権争いに巻き込むことで、ボネモリが国際柔道連盟の主導権を握り、その力を利用してフランス国内の有段者会（College des Ceintures Noires de France）、フランス柔道連盟ＦＦＪ（Federation Francais du Judo）など、いくつもの団体が乱立するフランス柔道界を一本化することを目論んでいたのです。

実は、戦後のフランス国内も柔道界が一枚岩ではなく、日本と同じように、従来の柔術、武徳会を支持する組織、パリを中心として形成された組織、講道館を母体とする組織などが存在していました。武徳会解散の影響は日本だけでなく、フランスにも及び、講道館を中心とした柔道界の再編が進められようとしていました。

また、武徳会が解散し、活動の場を失った柔道家の中には欧州に渡って、指導者となった人たちもいました。なぜなら、当時の欧州では、連盟の組織作りに、高い技術と指導力をもつ、カリスマ性のある日本人指導者を必要としていたからです。例えば、武徳会の武道専門学校出身の道上伯《みちがみはく》や、後に「フランス柔道の父」と言われる粟津正蔵《あわづしょうぞう》なども、すでにイギリスやフランスで独自の柔道教授法を考案し、連盟作りを推進していた川石酒造之助《かわいしみきのすけ》の招聘を受けて渡仏しました。

一方の講道館は、本家の影響力を世界に広めるために、柔道の正統は講道館柔道であるという定義を全面に押し出し、「各国の柔道段位は講道館が発行するもの以外認めない」という姿勢でした。柔道のあらゆる公式試合は講道館の審判規定で行うものでなければならず、「講道館は日本においてのみならず、世界を通して段決定の唯一の機関」（前掲『柔道の国際化』）という家元意識をもち、国際舞台での復活を希望していたのです。

すなわち、全日本柔道連盟（全柔連）の主張は、講道館レギュレーション（規則）が国際柔道連盟のレギュレーションであるというスタンスです。これにはさすがに、諸外国から激しい反発があり、対立を深めることになりました。

一九五一年一二月、ヨーロッパ選手権が開催され、同時に行われた国際柔道連盟総会特別委員会で、ボネモリは連盟本部を日本に置き、次期連盟会長に嘉納を推すように提案しました。前述したようにボネモリの思惑があったからです。

フランスは親善使節団として嘉納履正館長、田代重徳国際部長（六段）、松本芳三（七段）、醍醐敏郎（六段、以上講道館）、加えて川石酒造之助の個人的招待を受けた栗原民雄

（元武徳会師範、九段）の五名を招待しました。

使節団の目的は親睦とは言うものの、フランスの真意は国際柔道連盟総会特別委員会に嘉納館長をはじめとする全柔連をオブザーバーとして出席させ、フランスが講道館とEJUの仲介をすることでイニシアチブをとることが目的でした。

そこでは、日本の加入が強く要望され、それが実現した場合は、嘉納館長を会長に推すことが非公式ながら決定した、と言われています（藤堂良明『柔道の歴史と文化』不昧堂出版、二〇〇七年。前掲『柔道の国際化』）。

この件について、村田直樹・講道館図書資料部長は、「かくなる趨向に導いたものは何であっただろうか。それはボネモリの説得力、柔道の本山講道館に導いて貰いたいという期待、現講道館長があの嘉納治五郎の息子であるという威光、掛け試合で醍醐が見せた日本柔道の強さ等（の力）であろう。さらに推察すればそれぞれ力に対する欧米人の感嘆であろう。これらの要素が日本の優位を受容する下地になっていたと思われる」（前掲『柔道の国際化』）と述べています。

とはいえ、EJUはトルチ会長（イタリア）の意向のもと、本部が東京に移ると不便になるため、嘉納を名誉会長にして、実質的にはこれまでどおり、ヨーロッパ中心の体制が

表１　国際柔道連盟（IJF）歴代会長一覧

就任期間	歴代会長	国　籍
1951	アンドレ・トルチ	イタリア
1952-1965	嘉納履正	日　本
1965-1979	チャールズ・パーマー	イギリス
1979-1987	松前重義	日　本
1987-1989	サルキス・カルゴリアン	アルゼンチン
1989-1991	ローリー・ハーグレイブ	ニュージーランド
1991-1995	ルイス・バゲナ	スペイン
1995-2007	朴容晟（パク・ヨンソン）	韓　国
2007-現在	マリウス・ビゼール	オーストリア

よいという理由でこの提案は保留されることになりました（真神博『ヘーシンクを育てた男』文藝春秋、二〇〇二年。前掲『柔道の国際化』）。

このように日本の加盟の条件に関しては、講道館と欧州の認識ギャップは、ボネモリが思っていた以上に大きく、ＩＪＦ（ＥＪＵ）と全柔連（講道館）は険悪な関係になってしまったのです。

ところが、一九五二年八月三〇日、スイスのチューリッヒで催された第一回ＩＪＦ総会において、一時保留とされた全日本柔道連盟のＩＪＦ加盟が承認されました。さらに五大陸（ヨーロッパ、アフリカ、アメリカ、アジア、オセアニア）を束ねる形で国際柔道連盟が改組されました。そして同年一二月一〇日、パリで行われたＩＪＦ臨時総会にて、連盟本部を日本に置き、次期連盟会長は嘉納が就任することが決定しました。事務局長にはボネモりが就任しました。

この決定について、欧州では、「本部の移管」と「嘉納会長就任」を承認するのと引き換えに、「各国の連盟が出す段位を国際柔道連盟はそのまま認める」という申し合わせを決定したと言われています（前掲『ヘーシンクを育てた男』）。

この結果、IJF本部は東京に、事務局はパリに設置されるという二重体制ができあがりました。IJFと講道館はどちらも譲らないという押し問答であったと言えますが、ボネモリにとっては漁父の利を得たと言えるでしょう。

とはいえ「家元」の講道館は、全柔連としてIJFに加盟し、嘉納履正がその会長に就任して講道館にIJF本部を置いてからも、「各国の柔道段位は講道館が発行するもの以外認めない。柔道のあらゆる公式試合は、講道館の審判規定で行うものでなければならない」という基本線を譲りませんでした。

このような全柔連・講道館の頑な姿勢に対し、欧州を中心としたIJF加盟国は、第一回総会での段位認定に関する申し合わせを、IJF会長自らが平気で破っていると解釈していました。

当時は、各国の柔道連盟が整いはじめ、それぞれの国の連盟が段位を発行するようになっていました。すなわち段位制度はライセンス（家元）ビジネスとして、欧州では連盟を中心にビジネスモデルとしてすでに確立していたのです。昇段規定も各国それぞれが決め、手数料もごく安く、しかも明朗なシステムが採用されていました。

講道館は柔道の一流派の町道場にも関わらず、戦後は段位認定権を独占し、全柔連そのものの全権を持っていました。そこで全柔連と講道館の違いを巧みに使い分け、大会の開催や国際関係の処理は全柔連が担う代わりに、段位発行と認定料は講道館へという仕組みを守り続けました（前掲『ヘーシンクを育てた男』）。これはヨーロッパ柔道が目指している国際化と逆行するものでした。

このような日本の不遜な態度に、欧州を中心とした諸国は講道館・全柔連に対して不信感を抱くようになったのです。

一方、講道館のほうは、「ボネモリの熱心な説得の結果、嘉納講道館長を国際柔道連盟会長に推戴するという合意に達した。これは非公式であり、この段階ではむろん効力の無いものであった。だがここに欧州柔道界の国際柔道連盟に対する動向が急転回し、講道館に同調するものとなったのである」（前掲『柔道の国際化』）と解釈しています。すなわち、「申し合わせ」は非公式という見解です。

このような中で開催された第二回ＩＪＦ総会は、一九五六年五月七日、東京産経会館国際ホールにおいて、加盟二四カ国代表出席のもとに開催されました。正式加盟国は三〇カ国となっていました。このときの議題はＩＪＦの規約及び細則の改訂でした。

この会議は、講道館・全柔連が初めてイニシアチブを取るようになってからの総会でしたが、さっそく、規約・試合規定の改訂の案件で紛糾しました。それ以降、ＩＪＦの総会では毎回、規約の改訂が議題として提出され、そのたびに紛糾するようになりました。

例えば、試合規定については、日本が提案した講道館ルールがＩＪＦで支持を得られなかったため、現在も日本においては国際（ＩＪＦ）ルールと国内（講道館）ルールの二つが存在します。さらに当時は日本国内では女子だけに限定した女子規定が存在していました。「奥襟を持たせない」「相手の髪を掴まない」「絞め技・関節技の場合、審判の見込みで一本の判定を下す」などのジェンダーギャップとも言える規定が存在していました。

東京五輪とヘーシンク勝利の衝撃

一九五六年五月三日、東京国技館において第一回世界柔道選手権大会が、二一カ国三一名

表２　第１回世界柔道選手権大会参加国

ヨーロッパ	11	オーストラリア、ベルギー、デンマーク、西ドイツ、オランダ、スペイン、スイス、イギリス、ルクセンブルグ、フランス、ザール（フランスの保護領。現在のザールラント州）
アメリカ	4	アルゼンチン、キューバ、アメリカ合衆国、カナダ
アジア	6	台湾、フィリピン、カンボジア、インドネシア、タイ、日本
合計数	21	参加選手31名／優勝：夏井昇吉（日本）、２位：吉松善彦（日本）、３位：アントン・ヘーシンク（オランダ）

の代表選手を招いて行われました。参加国は表２のとおりです。

第一回大会では、ＩＪＦの初の試みということで、勝敗よりは参加国間の友好親善が図られ、各国の派遣選手一名に対して往復の旅費・滞在費を、日本側が全額負担するという待遇でもてなしました。

ところが、この大会で、アントン・ヘーシンンク（オランダ）が三位入賞を果たすと、諸外国でも柔道人気が高まってきたのです。

ヘーシンクの勝利で柔道人気が高まったことで、フランスとアルゼンチンが、五八年の第二回大会はパリで開催したいと、ＩＪＦ総会（五七年）で提案しました。しかし、「世界」と銘打つ以上、できるだけ広く参加可能な国々を網羅し、それぞれの代表選手を集めて覇権を競わせるのでなければ意味がないという理由、さらには経費の点から、ＩＪＦ本部は、日本で開催するのが最も望ましいと説得し、結局第二回大会も日本で開催されることが決定しました（前掲『柔道の国際化』）。

第二回大会は五八年一一月三〇日、東京体育館で開催されました。参加国は一八カ国三九選手、メダリストは全員日本人という結果でした。

前回大会では日本人同士が決勝戦を戦ったことでもわかるように、外国人選手と日本人選手の間には歴然たる実力差がみられ、疑惑の判定という騒動は起こりませんでした。

しかし、第二回大会では、外国人選手と日本人選手の実力差が拮抗してくると、日本人贔屓をする日本人審判員の判定に、ＥＪＵを中心に不満の声が吹き出したのです。実力をつけ始めた欧州勢は、判定が有利になるホーム（欧州）での大会を切望しました。

そのころ、国際オリンピック委員会（ＩＯＣ）総会（五九年）で柔道が正式種目として採用されることが決まりました。六〇年八月二二日、ＩＯＣローマ総会で、第一八回オリンピック大会（東京五輪、六四年）において柔道が正式に五輪種目として採用されたのです。

それではなぜ、東京五輪で柔道が採用されたのでしょうか。実は、次のメキシコ五輪では柔道種目は行われませんでした（この経緯については未だ明らかにされていない）。

その理由については、「そもそも東京五輪大会は一回だけの公式種目として条件付き参加であった」、「エキシビション（公開競技）としての位置づけであった」、あるいは、

「ヘーシンクが東京大会で優勝したことによりミュンヘン大会から公式種目として返り咲いた」など、さまざまな説がありますが、今後の課題として研究していきたいと思います。柔道をオリンピック種目に、というIOCへの働きかけは、主としてヨーロッパ（EJU）主導で行われ、日本の財界も支援していました。しかし、全柔連や講道館はあまり積極的ではなかったと言われています。家元の嘉納治五郎自身も柔道がオリンピック種目になることに対して消極的であったということです（永木耕介「嘉納治五郎が求めた『武術としての柔道』――柔術との連続性と海外普及」『兵庫教育大学スポーツ人類学研究』〈第一〇号一一号、二〇〇九年〉所収）。

イギリス武道会を創始し、「イギリス柔道の父」とよばれた小泉軍治と嘉納治五郎の間で一九三六年に交わされた文書「Judo and The Olympic Games」（イギリス・バース大学の図書館に納められている〈3Richard Bowen cllection C-56〉）によると、嘉納は柔道がオリンピック種目に加わることについて次のように考えていました。

「（嘉納は）現時点では、柔道がオリンピック・ゲームズに加わることについては消極的である。柔道は単なるスポーツやゲームではなく人生哲学であり、芸術であり、科学である。それは個人と文化を高める方法である。オリンピック・ゲームズはかなり強いナショナリズムに傾いており、競技柔道（Contest Judo）を発展させることはその影響を受ける。柔道は芸術・科学として、いかなる外部からの影響――政治的、国家的、人種的、再生的などにも拘束されない。すべてが終局の目的である人類の利益（Benefit of Humanity）へ向かうべきものである」（前掲永木論文より引用）

つまり、嘉納治五郎は、柔道のオリンピック種目採用については否定的であり、オリンピックという傘の外で柔道独自の世界連盟結成を望んでいたということです。これは、「オリンピック・スポーツ」と柔道は異なるものと、嘉納治五郎はとらえていたとも言えるでしょう（永木耕介「嘉納による柔術のスタンダード化と海外普及」平成二三年度日本体育協会スポーツ医・科学研究報告Ⅲ　日本体育協会創成期における体育・スポーツと今日的課題―嘉納治五郎の成果と今日的課題第二報　公益財団法人日本体育協会スポーツ医・科学専門委員会）。

そして、戦後の全柔連や講道館の中にも、嘉納の意思を尊重し、柔道は日本古来の武道であり、スポーツの祭典であるオリンピックには馴染まないとみなして、五輪参加に反対する勢力が存在していました（前掲『ヘーシンクを育てた男』）。すなわち武徳会の存在です。

表３　現在の五輪柔道の体重区分

男子	60kg	66kg	73kg	81kg	90kg	100kg	100kg超
女子	48kg	52kg	57kg	63kg	70kg	78kg	78kg超

このような中、一九六一年二月四日、全日本柔道連盟理事会では、オリンピック審議委員会および特別委員会設置事項、並びに柔道オリンピック特別委員会委員等を設置しました。この時は、体重別制度の論議が白熱し、特に無差別級の扱いについては賛否両論があったようです。

「オリンピック大会に体重別を採用する理由」は、オリンピック審議委員会によると、

「柔道は精力善用に活用する道を学ぶものであるから、試合においても体重別を採らないことを本体としてきたが、オリンピック大会に競技（スポーツ）として参加する場合、オリンピック大会については、①相当幅広い対格差の認められる世界各国民が広く参加できる競技方法を考慮する。②すべての参加者に広く優勝の希望を持たせる競技方法を考慮する等の見地から、試合の勝敗に影響を与える要素の一つとして考えられる体力（体重）の面において、極端に重い者と極端に軽い者とが試合しないように体重別クラス別を設ける、所謂、体重別制を採用する」（前掲『柔道の国際化』）

という提案がありました。

とはいえ、日本側のオリンピック審議委員会は、「軽いクラスの者が重いクラスに出場することを認める」という解釈をつけ、無差別級案をごり押しに提案したのです。

結局、国際社会では日本が提案した階級は支持を得ることができず、ヨーロッパ勢が提案した軽量級（六八キロ以下）、中量級（八〇キロ以下）、重量級（八〇キロ超）が採用されました。ただし、日本が提案した無差別級だけは採用されることになりました。とはいえ、一九八四年のロス五輪以降、無差別級は廃止されました。

五輪競技において、柔道の体重無差別が支持されなかった理由について、実際には、軽量級の選手が無差別級に出場することはほとんどなく、重量級選手が二階級（重量級と無差別級）に出場できることに対する不公平性、五輪スリム化という論点があったと言われています。無差別級が廃止されることで女子が参入することになりました。

東京五輪の前哨戦となった第三回世界柔道選手権大会は、一九六三年、パリのクーベルタン体育館で開催されました。日本以外の国で初めて開催された大会で、ヘーシンクが初優勝を果たしたのです。このことは欧州勢にとって悲願であり、柔道が国際化したことを意味する一方で、家元の日本にとっては落日の始まりを告げる事件でもありました。当時のＩＪＦの会長であり、講道館館長の嘉納履正が、当時の気持ちを「一葉落ちて　天下の秋を知る」と表しています。

しかし、日本柔道界の現場では、東京五輪大会で雪辱を果たすべく、尻に火がついたように強化の見直しがなされた（前掲『柔道の国際化』）のです。

一方、追われる立場となったヘーシンクは、ライバル対策だけでなく、さまざまな問題を抱えていました。

そのひとつが、ＩＯＣのアマチュア規定でした。ヘーシンクは世界チャンピオンになったことで、彼を取り巻く環境が大きく変化していたのです。英国の石油会社のＢＰ（ブリティッシュ・ペトロリアム）がスポンサーとなり、故郷のオランダ・ユトレヒトに当時のヨーロッパで最も大規模な柔道場を開きました。ヘーシンクはもちろんその道場主（オーナー）で、さらに道場横にデラックスなＢＰのガソリンスタンドを建設し、経営権も与えられたのです（前掲『ヘーシンクを育てた男』）。

このモダンな道場には入門者が殺到し、東京オリンピック前には三〇〇〇人を超えたそうです。また、道場に面している通りは「ヘーシンク通り」と名付けられ、オランダ政府は、彼にオレンジ・ナッソー勲章を授与しました。

しかし、ヘーシンクが有名になり、自ら経営する道場が隆盛を極め、大規模になったことで、当時、商業的な活動をするプロ選手を認めていなかったアマチュア規定がＩＯＣに存在していたので、「アマチュア規定に抵触しているのではないか」という批判の声が上がったのです。この問題に対して、オランダ柔道連盟やオランダオリンピック委員会（ＮＯＣ）は、すぐさま「ヘーシンクはアマチュアである」と声明を出し、ヘーシンクを援護しました。

特に、ヘーシンクにとって心強かったのは、日本人で武徳会出身の道上伯がコーチとして支えてくれたことでした。道上はフランスだけでなく、欧州各地で個人コーチとして活動していました。

一九六四年一〇月二三日、ヘーシンクは東京五輪柔道決勝で神永昭夫と対戦します。決勝では、ヘーシンクが袈裟固めで神永を押さえ込み、一本勝ちで金メダルを奪取しました。

その瞬間を、ＮＨＫラジオアナウンサー河原武雄氏は、「日本の柔道敗れました。今や柔道は日本だけのものではありません。柔道は世界の柔道になりました。新しい時代がやってきました」と表現しています。

このヘーシンクの勝利の瞬間、オランダ選手団は喜びのあまり、土足で畳の上のヘーシンクに駆け寄ろうとしました。この時、ヘーシンクは右手をかざし、畳に駆け上がろうとするオランダ選手団を制したのです。試合を見ていた日本の柔道関係者は、「完全に負けた」と思ったと言います。外国人であるヘーシンクの、礼儀を重んじる所作に、世界チャンピオンだけでなく、真の柔道家であると思ったそうです。

また技術的な面で言うと、ヘーシンクは武徳会の道上によって育てられたのですから、つまり、武徳会の柔道が講道館に勝ったと解釈する人もいます。確かにヘーシンクの柔道は、武徳会柔道の特徴である、立ってよし、寝てよしのオールラウンド柔道を継承していました。一方、講道館は三船久蔵や西郷四郎を代表するように立ち技が中心で、体の小さいものが大きいものを投げるというスタイルでした。とはいえ、当時、武徳会は存在しなかったものの、日本国内では武徳会・講道館の両方の技術を受け継いでおり、神永も同様に技術的には流派は関係なかったと思います。

むしろこのようなヘーシンクの活躍は、日本柔道の思惑と反比例するものでした。国際化することで、日本柔道の家元意識を維持することは困難になり、それはヘーシンクの活躍によっていっそう促されるという皮肉な構造になっていたのです。またＥＪＵにとっても、政治的な観点から言えば、ヘーシンクが活躍することでＥＪＵの発言力が強くなり、全柔連・講道館の権威を足下から崩すことを意味していたのです。

このヘーシンク勝利の衝撃が、以後のオリンピックで日本の柔道選手が受けるプレッシャーの遠因となっているようにも思えます。これは、他の競技種目にはない独特なもので、それは柔道に特有の観念、組織としての家元意識が存在しているようにも感じられるほどです。日本選手は、講道館柔道・全柔連の家元としての保身のために勝たなくてはいけなかったのです。柔道が五輪の正式種目となったことが、その後の日本柔道を呪縛する勝利偏重主義の起点になったのではないでしょうか。

ヘーシンクが活躍すればするほど、ＩＪＦの中で日本は権力を失っていく――実はその象徴的な出来事が、東京五輪の前哨戦としてありました。ＩＪＦ総会が東京オリンピック大会が始まる二日前に開催される予定でしたが、アフリカ柔道連盟の役員が持参した委任状の有効性をめぐって対立が激化し、総会は流会となったのです。その背景には、嘉納会長を罷免しようとするＥＪＵと、それに反対するアジア・アメリカの対立構造がありました。

結局、翌年の一九六五年、ブラジル・リオデジャネイロで開かれた第五回ＩＪＦ総会で、全柔連は再び嘉納履正会長を擁立しましたが、ヨーロッパ、アフリカが擁立したイギリスのチャールズ・パーマーが、四四票のうち三一票を獲得、大差の勝利で会長に就任しました。

一九六〇年代、ＩＪＦは加盟国を急速に増やすことで国際化を図るとともに、ヘーシンクの活躍によってヨーロッパ勢の発言権が強くなっていきました。それは、ＩＪＦ人事にまで影響し始め、日本を凌駕していきました。それによって会則、試合規定などがヨーロッパ主導で変更されるようになったのです。例えば、効果の導入、ポイント制、ブルー柔道衣の導入などです。このような日本対欧州の関係は、特にナショナリズムが加熱するオリンピックという舞台だからこそいっそう激化したとも考えられます。

戦後の日本柔道は、国際化、競技化、勝利偏重主義によって嘉納治五郎の思想である「精力善用自他共栄」（柔道で培った精神や肉体を、社会の役に立つことに用いることで互いに助け、互いに譲りあうことができる）という精神は忘却され、自国選手を強くすることで、スポーツ界、ＩＪＦにおける自国の発言権を強めていくというエゴイスティックな手法が受け継がれていったのです。

全日本学生柔道連盟（学柔連）の発足

戦後の柔道、とりわけ学校柔道は、ＧＨＱ（連合国軍最高司令官総司令部）の主導の下、武道的柔道（武徳会）を切り捨て、民主的スポーツ（講道館）に一本化することで復活しました。

待機していた学校柔道関係者は会合を重ねて学生柔道連盟の結成を図り、東京では一九五〇年一二月に各大学有志が参集し、結成準備をすすめていました。そして翌五一年三月三日、岸記念体育館（現在・日本体育協会／ＪＯＣ本部）に各大学関係者が集まり、「東京学生柔道団体設立準備委員会」が結成されたのです。

一方、関西では、東京と同時期に学生柔道連盟結成の運動が起こり、五一年六月一七日、関西学生柔道連盟が結成されました。その記念大会として第一回関西学生柔道大会が毎日新聞社の支援を受けて、大阪城内で開催されました。

九州では福岡県学生柔道連盟から九州学生柔道連盟へと発展していきました。

この動きは全国的に活発化し、同年一〇月二〇日、各地区学生柔道連盟が毎日新聞社大阪本社の会議室に参集し、全日本学生柔道連盟（学柔連）を発足します。これ以降、全日本学生選手権、東西対抗、全日本学生柔道優勝大会は、学柔連と毎日新聞社の共催によって開催されました。

学柔連の当時の役員は以下のとおりです。

会長　嘉納履正（全日本柔道連盟会長）

副会長　高広三郎（東京学生柔道連盟会長）

理事長　早川勝（関東学生柔道連盟会長、石炭経協専務理事、前日経連専務理事）

副理事長　松本芳三（東京教育大学助教授）

このように、戦前、自主性の強かった学柔連の会長も講道館の家元が就くことで、講道館が柔道界を席巻していきました。

戦後、学柔連が勢力を急進的に拡大し、組織化した背景には、それが加盟大学の学生とOBからなる任意の組織であり、極めて自主性の強い団体だったからです。なぜ、学柔連が全柔連の支配から免れることができたのか？　その大きな理由の一つに、学柔連が全柔連に加盟するとき（一九五二年）、「昇段問題は全柔連にすべて一任、審議権、推薦は持たない」――骨抜き条件付きで加盟が認められた経緯があったようです（工藤雷介『秘録日本柔道』東京スポーツ新聞社、一九七五年）。つまり、全柔連の傘下であっても、都道府県柔道連盟とは異なって段位推薦権の利害関係のない団体とみなされ、講道館や全柔連に縛られない自由で進取の気風が涵養されていったのです。

その後、経済界で活躍する学生柔道OBの支援を取り付けることで、学生大会を毎日新聞社の共催で開催したり、五五年には初めて日本学生柔道使節団をアメリカへ遠征させたりするなど、ダイナミックかつ自由な活動を展開しました。

さらに、後に学柔連会長となる松前重義・東海大学総長の躍進と後ろ盾により、学柔連は講道館・全柔連と対峙するまで勢力を拡大していったのです。

全柔連と学柔連の紛争

一九七九年のＩＪＦ会長選挙で、会長のパーマーを破り、第四代ＩＪＦ会長に松前重義・東海大学総長が就任しました。なんと欧州勢が地元のパーマーではなく、松前を支持したのです。その理由は段位制度に対する松前の柔軟な姿勢にあったと言われています。

講道館は戦後一貫して、自らが柔道の総本山として段位発行の唯一の機関であると主張していましたが、松前は、戦前の日本では武徳会と講道館が段位発行をしてきた経緯から、ＩＪＦが段位認定証を発行することに賛成していたのです。

先に述べたように、一九六五年にＩＪＦ会長に就任したイギリスのチャールズ・パーマーはすでに一四年間、会長の座にあり、国際柔道界への影響力は頂点に達していました。そのパーマーがポイント制（ペナルティである指導・注意・警告・反則負けを、効果・有効・技あり・一本勝ちと同じポイントになる）の柔道を積極的に導入したことに対して、松前は日本発祥の柔道が変質してしまうと危機感をもっていた、と言われています（小倉孝保『柔の恩人「女子柔道の母」ラスティ・カノコギが夢見た世界』小学館、二〇一二年。前掲『ヘーシンクを育てた男』）。

松前は社会党の衆議院議員でもありました。松前の思想については、一九八四年に創設された国際武道大学の建学の思想から読み取れることができます。キリスト者の内村鑑三の影響を受けた松前は、「日本武道の内外の指導者の育成のために、武道及び体育に関する諸科学を教授研究し、国際的感覚と高い教養をもつ知識と技能を体得させ、国際社会及び地域社会において指導的役割を果たし得る人材を養成するため教育基本法及び学校教育法に従い、学校教育を行うこと」を目的として、下記の建学訓を掲げました（国際武道大学ホームページ「アドミッションポリシー（入学者受入方針）」より引用、二〇一五年一月六日閲覧）。

若人よ武道によって　不動の人生観を体得せよ

若人よ武道によって　平和の世界観を把握せよ
若人よ武道によって　汝の体躯を養え
若人よ武道によって　忍耐礼節の道を学べ
若人よ武道体育の精神の下　国際友情の大道を築こう

松前は社会主義者であり、政治家として、戦後はソ連との関係を深めました。国際派の松前は柔道を通した国際交流を拡大させたいと望んでいたようです。その一方でＩＪＦ会長のパーマーが欧州主導で推進していく手法には不満を持っていました。とはいえ、日本国内では、圧倒的な影響力をもつ講道館を差し置いて、国際柔道連盟の会長に立候補することは、講道館に公然と反旗を翻すことを意味していました。会長の出身国であるイギリスをのぞくヨーロッパ諸国は、松前に共感していたのです。

ＩＪＦの会長に就任した松前はさっそく、オランダで開かれたＩＪＦ総会（一九八一年九月）で、柔道の段位認定権の取り扱いについて審議しました。議決は票決で行われ、嘉納館長（アジア柔道連盟会長）の反対を押し切り、賛成四〇、反対二六、棄権四で、ＩＪＦが段位認定証を発行することが承認されました。

講道館にとっては、松前が裏切り、講道館の特権である段位認定権をＩＪＦに渡してしまったと考えたにちがいありません。さらに松前は、国内では学柔連の会長にも就任していましたので、講道館にとっては〝目の上のたんこぶ〟ができてしまったようなものです。ここから、全柔連／講道館（嘉納派）とＩＪＦ／学柔連（松前派）の対立図式が生まれ、緊張感をともなう対立抗争が勃発したのです。

一九八三年一月、学柔連が主催する正力松太郎杯第一回国際学生柔道大会が開かれました。正力杯は、読売新聞社社長の故正力松太郎の功績を記念し、その名を冠したものでありました。会場となった日本武道館は、正力オーナーが多額の資金を寄付して建てられたもので、もちろん読売新聞社が後援していました。

ところが、大会当日の式典に、嘉納会長をはじめ全柔連関係者は出席しなかったのです。招待状が届いていないという理由で欠席をしたということでした。全柔連は主催者ではないものの、後援という形で大会を支援しており、嘉納履正全柔連会長からのお祝いメッセージもプログラムに掲載されていたにもかかわらず、欠席するという非礼な態度をとったのです。

学柔連側は、招待状が届かなかったのは単なるミスであるが、大会プログラムにメッセージを送ったほどであるから、大会が開催されることは周知の事実と主張しました。このように全柔連と学柔連、どちらも譲らないという一触即発の状況となってしまいました（高山俊之・小野哲也『柔道界のデスマッチ――全柔連vs学柔連』三一書房、一九八八年）。

全柔連としては、なにより二年前のＩＪＦの段位認証が発端となり、松前ＩＪＦ会長に対して不満、不信が募っていました。そのうえ、親組織である全柔連を差し置いて、学柔連（松前派）側は嘉納杯が存在するにもかかわらず、勝手に正力杯と銘打って国際大会を開催したことが気に入らなかったのです。

一方、学柔連側も、本大会開催前から全柔連から大会の開催は認めないなど、抑圧を受けていた経緯があり、大会終了後の一月二五日、全柔連に脱退届を提出しました。それを受けるように、全柔連は筑波大学を中心として同年一〇月二日、全日本大学柔道連盟（大学柔連）を発足させました。これによりさらに軋轢は深まり、学生柔道は分裂の危機を迎えるのです。

さらに全柔連は、脱退した学柔連を傘下の組織と認めず、翌八四年一月八日、学柔連の清水正一会長と佐伯弘治理事長に対して無期限の資格停止という処分を下しました。制裁はさらに続き、同月一八日には、学柔連独自で国際大会に参加した審判一八名、コーチ二名を一年間、選手三二名を六カ月間、全柔連が主催または後援する大会および派遣する大会に参加させない、という処分を行ったのです。

この中には、のちに全柔連副会長、全日本監督になる佐藤宣践《のぶゆき》・東海大学監督（当時）に加え、世界選手権チャンピオン、ロス五輪九五キロ級代表の須貝等選手（東海大学）も大会に参加させませんでした。明らかに、松前ＩＪＦ会長が率いる東海大学への制裁を意味していたのです。

これを受けて、一月二〇日、学柔連は撤回処分と名誉回復をもとめ、地位保全の仮処分申請を東京地裁に提訴しました。

結局、法廷闘争に持ち込まれるという事態になり、この事態を憂慮した国会議員連盟と日本体育協会は、八四年二月一日に「調停委員会」を発足し、調停案を発表しました。

調停案は

①全柔連は法人格とする。

②学柔連と大学柔連は急速に組織を一本化して全柔連に加盟する。

③第二回正力杯国際学生大会に参加した者に対する全柔連の処分は二月一日の調停開始後は凍結し、学柔連は東京地裁に対する提訴を取り下げる。

という内容でした。これ以降、全柔連は法人化の動きをみせ、これまで権力闘争の舞台となり、犠牲となった学柔連と大学柔連は再編成され、同年八月八日、新しく全日本学生柔道連盟が発足しました。

この調停によって改善の道は開けたかと思われましたが、学柔連は全柔連に対抗し、翌八五年一月、全日本柔道協会（全柔協）という新しい団体を発足させました。

この日本柔道界分裂の危機は、国会でも問題になり、第一〇四回国会予算委員会（衆議院）で柔道界の内紛が取り上げられました（一九八六年二月二四日、編集部注＝大出俊議員の発言は要約）。社会党の大出俊・衆議院議員は、「体育行政の合成上の責任は文部省にある。文部省としてはこれまで柔道界の内紛に対して、国会議員有志らによって調停の場を設定したが、なにも手をうたなかった」と、まず、海部文部大臣（当時）の責任を追及しました。

当時、講道館長と全柔連会長、講道館総務部長と全柔連事務局長は同一人物であり、二つの団体は一体となっていました。そのことに対して、大出議員は、「しかも、講道館館長の選挙規約では、館長が指名した百人の維持員が館長を選挙するため落選するはずがない。講道館の家元制度は維持され実質世襲されている団体に国が補助金をだすものはいかがなものだろうか。全柔連は地方組織から講道館の為に金を取り立てる組織で二つの組織は完全に癒着している。おおよそ民主的団体では毛頭ない」と批判しました。松前会長と同じ社会党の大出議員は、学柔連を擁護する側にまわったとも考えられます。結果的には、学柔連を隠れ蓑に、学生が人質のような立場になってしまったのではないでしょうか。

山口香氏は、「このような問題が起きた背景が講道館、全柔連のトップを決める人事に端を発していたこと、さらに、議員の指摘している問題について今もって尚解決されていないという事実である。紛争があったことは悲しい事実であるが、せめてそのことから何かが変わったり、良い方向にいったりということがなければさらにむなしい」(ブログ「山口香の『柔道を考える』」二〇〇九年三月二日執筆「歴史を振り返る」http://blog.goo.ne.jp/judojapan09/e/b7f1e91a668bbf2290cc45ac8200a154 二〇一五年一月六日閲覧)と指摘しています。

結局、一九八八年二月二九日、当時、東海大学コーチだった山下泰裕氏と近畿大学の岡裕史コーチの二人が、中島源太郎・文部大臣を訪ね、柔道界の内紛を早く解決してほしい旨を申し入れるとともに、全国の大学の監督やコーチら一二二校、二三六人から集めた署名を手渡したのです。中島大臣は、「早期解決に向けて今後も努力する」と約束し、国会議員柔道連盟(稲葉修会長)も同年三月二四日に都内のホテルで役員会を開催し、全柔連と学柔連の和解に向けて調停案をまとめました。調停案は「全柔連の法人化」と「講道館と全柔連の分離」を骨子として作成されたのです。

その後、全日本柔道連盟は同年六月八日に法人格を取得しました。

しかし、この問題は、これで決着したとは言えないと思います。

戦後の日本柔道界は、段位認定権をめぐり、国際舞台ではＩＪＦ（松前会長）対全柔連（嘉納行光会長）、国内では学柔連対全柔連という構図で覇権闘争が行われ、とくにオリンピックの舞台で選手が活躍すれば、所属する組織の発言権が強くなるため、選手の金メダル獲得は、発言権の獲得にもなっていたのです。一九六〇年代、ヘーシンクが強くなることでＩＪＦの発言権を欧州勢が強めていったと同じように、一九七〇年代から八〇年代は、山下泰裕氏が二〇三連勝という圧倒的な強さで黄金時代を築くことで、講道館・全柔連と対峙する松前ＩＪＦ・学柔連会長の発言権を強めてきました。ナショナリズムの下で権力闘争が行われていたと言っても過言ではないでしょう。

このように戦後の日本柔道は、嘉納治五郎の思想である「精力善用自他共栄」（柔道で培った精神や肉体を、社会の役に立つことに用いることで互いに助け、互いに譲りあうことができる）という「修心」や武道教育は忘却され、段位認定権をめぐって、自国（所属）選手を強くすることで、スポーツ界、ＩＪＦにおける自国の発言権を強めていく手法で発展してきました。すなわち、勝利偏重主義のもとで強化、普及が行われてきたのです。

オリンピックで日本の柔道選手が口にする、「柔道は金メダルしか認められない」「柔道の場合、銀や銅では意味がない」「一本を取る柔道」といった言葉は、「お家芸」「日本固有の文化」「ナショナリズム」というようなプライドからではなく、段位認定権や試合規定に関する発言権を確保するための家元意識からくる政治的圧力と勝利偏重主義を背景にしたものではないでしょうか。

また、近代のスポーツ思想が、男性の身体を想定していたとすると、女性のスポーツへの参入は、ただちにその思想そのものの基盤が崩れることになるように（多木浩二『スポーツを考える——身体・資本・ナショナリズム』ちくま新書、一九九五年）、男のムラ社会が前提の柔道界において、女子柔道選手が異端者になることは当然の帰結であったのです。そのような社会的背景があったからこそ、一五人の女子柔道選手の告発や山口香さんのような女性柔道家が誕生したと言えるのではないでしょうか。

Ⅲ　日本柔道クライシス

相次いだ不祥事

二〇一二年末から一三年にかけた全柔連の一連の不祥事は、日本柔道のクライシス（危機）と言えるでしょう。内閣府の勧告（二〇一三年七月二三日）までに起きた不祥事は次のとおりです。

◆二〇一二年末、女子柔道強化選手一五人による暴力告発問題
◆二〇一三年三月、助成金不正受給問題

◇二〇一三年五月、全柔連理事によるわいせつ行為

女子日本代表選手への暴力指導や暴言を発端に、内部告発が続き、六〇五五万円にも及んだ助成金の組織ぐるみの不正受給、さらにはそれを幹部の飲食費用などに当てた目的外使用や、全柔連理事による女性へのわいせつ行為など、二〇一三年は春先から柔道界の不祥事が連続的に表面化しました。また全柔連の問題は、フェンシング、スケート、テコンドーなど他の競技団体にも波及し、スポーツ団体のガバナンス能力が問題視され、社会的な信頼が地に堕ちたスポーツ組織の改革がなされるきっかけにもなりました。

前述したように、私はこの不祥事が起こる前から「柔道事故」にみられるような、柔道界には根深い、暴力、ハラスメント、男性中心社会（ホモソーシャル）の体質があり、これらの不祥事も根は一緒だと思っていました。

一部の報道では「柔道界のお家騒動」と矮小化されて取り上げられることもありましたが、そうではなく、長い歴史の中で醸成されてきた柔道界の特異な体質が根にあってこれらの不祥事が顕在化されるに至ったと思ったのです。このことについては拙著『性と柔』について述べていますのでここでは割愛します。

一連の不祥事は柔道家の私にとって身内の恥であり、メディアを通じて内部批判をする

ことは謀反行為であることは重々承知のうえでした。しかし、私が内部批判をすることで膿を出し切ることができ、自浄能力を高めることができると確信してこの問題に向き合ってきました。柔道界がドラスティックに変わることができる最後のチャンスだと思っていました。

　フランスの柔道専門誌『L'esprit du JUDO』二〇一三年四・五月号は、この日本柔道の危機を「Le JAPON au Bord de l'Explosion（爆発寸前の日本）」として特集しました。表紙の日の丸は亀裂が入っています。日本だけでなく海外の柔道家にとっても衝撃的な事件であったことが伺えます。

フランスの柔道専門誌『L'esprit du JUDO』2013年4・5月号の表紙

　日本の伝統ある競技団体である全柔連の不祥事は、組織がウミを出す象徴的なものでしたし、社会においても一つの伝統的、権威的な組織のあり方が問われた事件だったと思います。だからこそ、社会的に注目されたし、組織に風穴を開けたのが女性だったところに、世論の共感を得られた部分があったのではないかと感じています。

　一五人の女子選手の告発は、選手たちによって改革を進めるという日本スポーツ史上の画期をなす出来事でした。彼女たちは、選手の声が通らない競技団体の体質をあぶりだし、その信念は〝いかなる暴力や差別も許さない〟というオリンピック精神にのっとったものでした。私もこの勇気ある女子選手の告発に後押しされ、この女子選手を守らなければいけないと思いました。

日本柔道の体質までも問われることの発端になった、一五人の女子柔道選手の告発。なぜ、女子柔道家たちが立ち上がったのか、その背景について考えてみたいと思います。

女子柔道の台頭

まず背景として、柔道界における急激な女性の人口増加、競技化が考えられます。とりわけ二〇〇〇年に男女共同参画基本計画が策定され、翌〇一年には内閣府に男女共同参画会議および男女共同参画局が設置されたことも追い風になったと言えるでしょう。

それらは、男女共同参画社会基本法に基づき、男女共同参画社会の実現を目指したのです。とりわけ、国民的ヒロインである谷亮子氏の活躍も、女子柔道の地位を引き上げました。アテネ五輪の際には、「田村で金、谷でも金、ママでも金」と名言を残し、圧倒的な

図1　男女別全日本柔道連盟登録数の変化

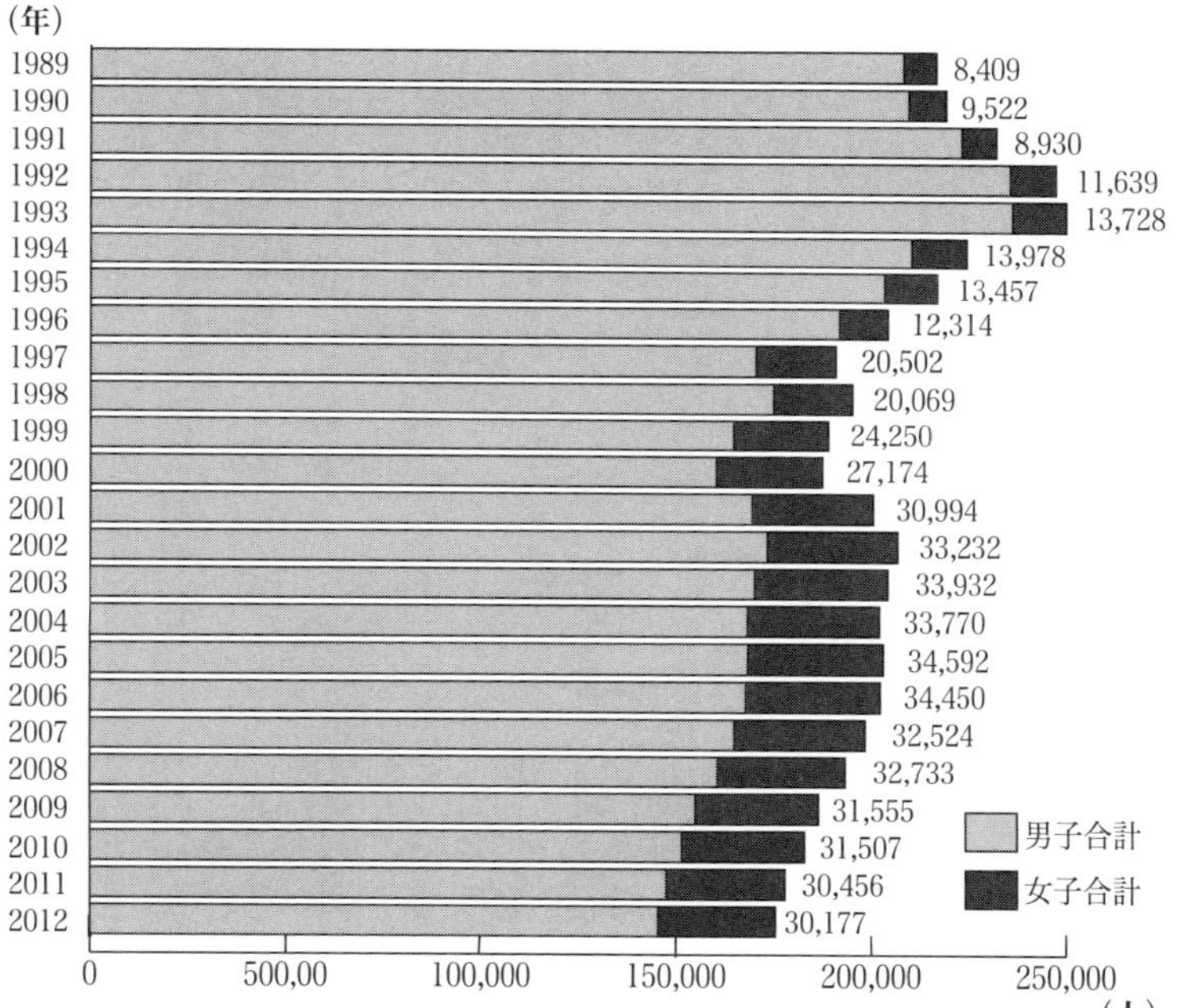

※右端の数字は女子柔道家の登録者数／全柔連評議員会資料を元に著者が作成

強さで女子柔道を牽引していきました。

女子柔道の国際舞台での活躍により、女性柔道家の登録数も著しく増加しました（図1）。全日本柔道連盟が登録制度を開始した一九八九年ころは、男性二〇万八一〇四人（九五％）、女性八四〇九人（五％）でしたが、二〇〇〇年になると男性は一六万二六七人（八六％）と一九九四年当初と比較すると五万人程度（約三割程度）減少しています。一方の女性は、一九九四

図２　女性指導者数の変化

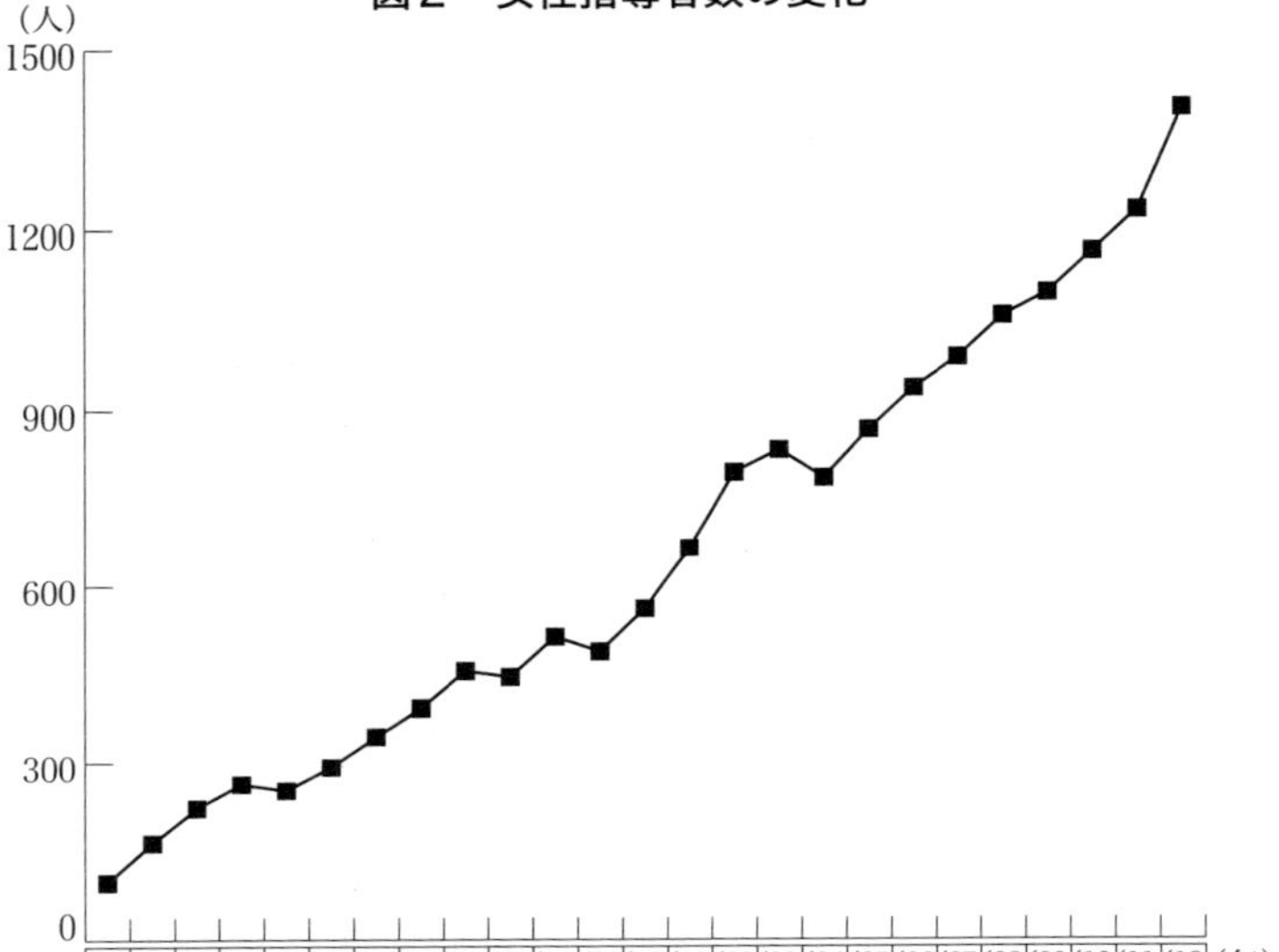

(年)	'88	'89	'90	'91	'92	'93	'94	'95	'96	'97	'98	'99	'00	'01	'02	'03	'04	'05	'06	'07	'08	'09	'10	'11	'12
女 (人)	96	162	221	262	251	291	344	392	453	443	510	485	558	665	794	832	785	866	936	988	1057	1095	1163	1231	1401

年の約二倍の増加で二万七一七四人（二四％）となりました。二〇〇五年では、男性一六万八四四六人（八三％）、女性三万四五九二人（一七％）と、一九九二年と比較すると三倍ちかく女性は増加しています。

また、女性の指導者数に関しても、登録を開始した一九八八年では九六人だったのが、二〇〇〇年では約六倍の五五八人となり、二〇一二年では一四〇一人と約一五倍の増加となっています（図2）。

とりわけ二〇〇〇年以降、女子柔道の人口増加とともに、五輪の競技成績も比例するように、二〇〇四年

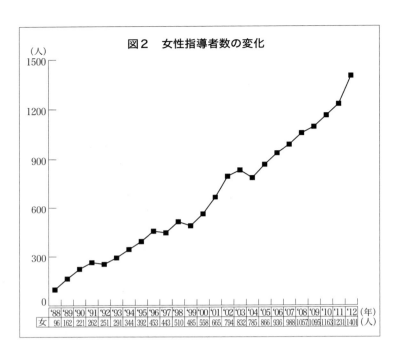

表４　2000 年以降の五輪大会のメダル獲得数

年	五輪大会	女　子	男　子
2000	シドニー	4（1）	4（3）
2004	アテネ	6（5）	3（2）
2008	北京	5（2）	2（2）
2012	ロンドン	3（1）	4（0）
合　計		**18（9）**	**13（7）**

表５　2000 年以降の世界選手権のメダル獲得数

年	大　会	女　子	男　子
2001	ミュンヘン	6（3）	4（1）
2003	大阪	5（2）	4（3）
2005	カイロ	5（1）	6（2）
2007	リオデジャネイロ	7（2）	2（1）
2008	ルバロア（無差別）	2（0）	0（0）
2009	ロッテルダム	5（3）	0（2）
2010	東京	13（6）	10（4）
2011	パリ	10（3）	5（2）
2013	リオデジャネイロ	3（0）	4（3）
2014	チェリャビンスク	5（2）	4（2）
合　計		**61（22）**	**39（20）**

※表４・５ともに（　）内の数字は金メダル数

アテネ五輪では、「お家芸」と言われた男子のメダル獲得数・金メダル数を追い越し、七階級中五階級で金メダルを量産するほどの実力を備えるまでに成長しました（表４）。男子のほうは二〇〇〇年代に入ると、メダル獲得数は激減し、二〇一二年ロンドン五輪ではメダル数は前回より増えましたが、一九六四年東京五輪以降、初めて金メダルを獲得することができなかったのです。

世界選手権のメダル獲得数を見ても、男子より女子の活躍が著しいことがわかります。総獲得数で女子は六一個（金メダル二二個）、男子は三九個（金メダル二〇個）と圧倒的な差をつけるまでに、女子柔道は成長しているのです（表5）。結果だけみれば、女子柔道家の力が日本柔道を支えていると言ってもいいでしょう。

機能不全に陥った全柔連

このように、二〇〇〇年以降、柔道界における女性の割合が急激に大きくなり、女性の活躍が顕著になって女性を取り巻く環境は大きく変化していたのです。

しかし、全柔連はこのような変化に対応ができていなかったと言わざるを得ません。二〇一三年当時、全柔連の役員の中に女性は一人も入っておらず、連盟の政策や方針に女性の意見が取り入れられていなかったのです。活躍する女性たちの声をきちんと聞き、現場から吸い上げていくことを男のムラ社会ではしてこなかったからこそ、女子一五人の選手は立ち上がったのです。

不祥事を受けた第三者委員会の答申でも、男女別の強化委員会、女性の委員長の設置を提案されていますが、「男のムラ社会」を象徴するように強化の現場ではまだまだ男性優遇と言っても過言ではありません。

強化委員会は日程上、男女同時開催に設定されることが多く、委員長はどうしても男子の強化委員会を優先することになります。強化委員長は理事職であり、女子強化の裁量権を明確にするうえで女子強化委員長の設定は今後の組織改編で不可欠だと思います。今のままでもし女性が強化委員長になった場合、現状とは逆になり、男子強化委員会には出席することなく、女子強化委員会を優先することになり、男子強化についての管理・監督が手薄になるのは目に見えています。そういう展望さえ考えられないのが男のムラ社会だと言えるのです。

一五人の告発が報道されたとき、社会的にも大きな驚きと衝撃をあたえ、「内部紛争ではないか」と矮小化する報道もありました。告発した選手は名前を公表せず、告発までに至った自分たちの決死の思いを込めた声明文を発表しました。男性が主体の柔道界では、女子柔道の活躍に対して、正当な評価と処遇を与えていないからこそ、女子選手たちの不満が爆発したのだと思いました。私は、恩師や所属先、家族などへの影響、柔道選手としての将来、柔道そのものへのダメージなどを考え、大きな苦悩と恐怖があったという彼女たちの勇気と決意をむだにしてはいけないと思いました。以下に、一五人の女子選手たちの「声明文」を引用します。

皆様へ

この度、私たち一五名の行動により、皆様をお騒がせする結果となっておりますこと、また二〇二〇年東京オリンピック招致活動に少なからず影響を生じさせておりますこと、まずもって、おわび申し上げます。

私たちが、ＪＯＣに対して園田前監督の暴力行為やハラスメントの被害実態を告発した経過について、述べさせていただきます。

私たちは、これまで全日本柔道連盟（全柔連）の一員として、所属先の学校や企業における指導のもと、全柔連をはじめ柔道関係者の皆様の支援をいただきながら、柔道を続けてきました。このような立場にありながら、私たちが全柔連やＪＯＣに対して訴え出ざるを得なくなったのは、憧れであったナショナルチームの状況への失望と怒りが原因でした。

指導の名の下に、または指導とは程遠い形で、園田前監督によって行われた暴力行為やハラスメントにより、私たちは心身ともに深く傷つきました。人としての誇りを汚されたことに対し、ある者は涙し、ある者は疲れ果て、またチームメートが苦しむ姿を見せつけられることで、監督の存在におびえながら試合や練習をする自分の存在に気づきました。代表選手・強化選手としての責任を果たさなければという思いと、各所属先などで培ってきた柔道精神からは大きくかけ離れた現実との間で、自問自答を繰り返し、悩み続けてきました。

ロンドン五輪の代表選手発表に象徴されるように、互いにライバルとして切磋琢磨し励まし合ってきた選手相互間の敬意と尊厳をあえて踏みにじるような連盟役員や強化体制陣の方針にも、失望し強く憤りを感じました。

今回の行動をとるにあたっても、大きな苦悩と恐怖がありました。私たちが訴え出ることで、お世話になった所属先や恩師、その他関係の皆様方、家族にも多大な影響が出るのではないか、今後、自分たちは柔道選手としての道を奪われてしまうのではないか、私たちが愛し人生を賭けてきた柔道そのものが大きなダメージを受け、壊れてしまうのではないかと、何度も深く悩み続けてきました。

決死の思いで、未来の代表選手・強化選手や、未来の女子柔道のために立ち上がった後、その苦しみは更に深まりました。私たちの声は全柔連の内部では聞き入れられることなく封殺されました。その後、ＪＯＣに駆け込む形で告発するに至りましたが、学校内での体罰問題が社会問題となる中、依然、私たちの声は十分には拾い上げられることはありませんでした。一連の報道で、ようやく皆様にご理解をいただき事態が動くに至ったのです。

このような経過を経て、前監督は責任を取って辞任されました。

前監督による暴力行為やハラスメントは、決して許されるものではありません。私たちは、柔道をはじめとする全てのスポーツにおいて、暴力やハラスメントが入り込むことに、断固として反対します。

しかし、一連の前監督の行為を含め、なぜ指導を受ける私たち選手が傷つき、苦悩する状況が続いたのか、なぜ指導者側に選手の声が届かなかったのか、選手、監督・コーチ、役員間でのコミュニケーションや信頼関係が決定的に崩壊していた原因と責任が問われなければならないと考えています。前強化委員会委員長をはじめとする強化体制やその他連盟の組織体制の問題点が明らかにされないまま、ひとり前監督の責任という形をもって、今回の問題解決が図られることは、決して私たちの真意ではありません。

今後行われる調査では、私たち選手のみならず、コーチ陣の先生方の苦悩の声も丁寧に聞き取っていただきたいと思います。暴力や体罰の防止はもちろんのこと、世界の頂点を目指す競技者にとって、またスポーツを楽しみ、愛する者にとって、苦しみや悩みの声を安心して届けられる体制や仕組み作りに生かしていただけることを心から強く望んでいます。
競技者が、安心して競技に打ち込める環境が整備されてこそ、真の意味でスポーツ精神が社会に理解され、二〇二〇年のオリンピックを開くにふさわしいスポーツ文化が根づいた日本になるものと信じています。
二〇一三年（平成二五年）二月四日
公益財団法人全日本柔道連盟女子ナショナルチーム国際強化選手一五名

これは日本スポーツ史上に残る名文とも言えるでしょう。これで問題は終息に向かうと思いました。

ところが、女子選手への暴力だけでなく、強化費の助成金不正受給問題、セクハラ問題も発覚、報道されました。想定外の展開でした。暴力、金、女……と、自分たちの恥部をさらけ出すような報道に心が痛みました。

全柔連は、次々と噴出する不祥事に対して、当事者を処罰することだけに追われてしまい、肝心の体質改善にまで手がまわっていないのが当時の現状でした。ようするに、どんどん出てくる膿を取り除く対症療法をしているだけでした。私には全柔連の管理能力の限界が見え、処罰に関しては専門家の第三者委員会に任せて、全柔連は抜本的な組織改革を進めてほしいと思っていました。

その当時、私には一日一〇〇件くらいの取材依頼や問い合わせがありました。毎日の大学の授業や静岡県教育委員会の仕事の合間に、テレビ出演や取材を受けるために東京へ出かけました。子どもが幼稚園年長でまだ手がかかりましたから泊まることはできず、終電の新幹線で帰る日々でした。

そんな時間がとれない中でも、山口香さん（現在・全柔連女子強化委員）、北田典子さん（現在・全柔連理事）と女性の支援者たちも交え、月に一度、対策会議を開き、終息に向かうよう知恵を絞っていたのです。全柔連の不祥事があるたびに第三者会議が設定されましたが、私たちは「第四者会議」と銘打って、勝手連の会合をもっていました。

とりわけ想像以上に効果的だったのは、ツイッターやフェイスブックなどのソーシャルネットワークを通して、自分たちの主張を展開し、世論形成をしていったことです。その中で思いがけない展開もありました。それはネット上で署名活動を展開する「Change.

org」で、丸田千果さん（教育コンサルタント）が全柔連に対して、女性理事の選任を求めるキャンペーンを発信してくれたことです。丸田さんとは面識はなく、メールでしかご挨拶していませんが、全柔連の第三者委員会で委員長をつとめる笠間治雄弁護士に、一七四八筆の署名およびコメントを提出してくださいました。声なき声をあつめてくださったことは、私たちを支えてくれる大きな力になりました。

また、外国語（フランス語・英語）で発信することで海外のプレスや外国人柔道家も力を貸してくれました。各国の連盟や国際柔道連盟（ＩＪＦ）に、女子柔道家たちを保護するように呼びかけてくれました。

ところが、女性理事の選任を指示した第三者委員会でさえも、上村春樹全柔連会長や執行部の責任について言及するまでには至りませんでした。この問題で全柔連の隠ぺい体質が露呈されることにはなりましたが、実際のところ第三者委員会の報告を受けて幕引きかと思っていました。

当時、国会の質疑でも全柔連問題は出ていましたが、上村会長をはじめ全柔連執行部は辞任する気配は全くなく、むしろ柔道界の中には、「御家騒動」の旗ふりに山口香さんがなり、内部紛争を起こしたのだという、間違った認識も生まれつつありました。

二〇二〇年の東京オリンピック招致運動も最終段階を迎えつつある中で、柔道界のネガティブキャンペーンは招致活動に影響を及ぼしかねないといった声も文部科学省（文科省）やスポーツ関係者の中にはありました。さらに、上村会長はＪＯＣの中心役員でもあり、国際柔道連盟の理事も務めていて、招致活動の中心人物として積極的に立ち回っていました。文科省も東京五輪の招致活動で全柔連の不祥事どころではないというのが実情でした。

ある日、法律関係者とガバナンスについての勉強会をしている際に、文科省は全柔連にとって指導できる立場ではあるけれど、監督責任はないことに気づきました。行政法が変わり、公益法人である全柔連に対する監督官庁が文科省から内閣府に変わっていたのです。

そのことに気づいて、すぐに議員会館を回りました。アスリート出身の女性議員は多くいますが、実際、面会して話を聞いてくれたのは橋本聖子議員だけでした。内閣府にものが言える立場で、私の知っているスポーツ界出身の議員はいませんでした。

スポーツ系議員以外に目を向けると、ふと地元・静岡選出で総務大臣政務官の任にあった片山さつき氏の名前を思い出しました。偶然にも磐田市に選挙応援のため、コンビニで街頭演説をするという情報が入り、会いに行きました。とても寒い日でしたが、片山さんの登場を人ごみに混じって一時間前から待ちました。片山さんの姿がみえたので、人ごみをかき分けて名刺と内閣府の公益認定等委員会から直接、全柔連に指導・監督をいただきたい旨の手紙を手渡し、直談判すると、片山議員は「柔道の問題は知っているから、話はわかった。今度来て」と答えてくれました。

片山さんなら動いてくれるかもしれないと思ったのは、片山さんの言動を見ていると、政治の男のムラ社会の中で女性として苦労していると思ったからです。片山さんなら男のムラ社会の中でも一人の人間として、女性として動いてくれるにちがいないと確信しました。

さっそく、片山議員は時間を取ってくれて、山口香さんと北田典子さんと一緒に議員会館でミーティングを開きました。そこで、実際に現場で起きていること、調査したことを含めて報告し、内閣府の公益委員会のほうで監督していただくことをお願いしました。片山さんは不祥事に関する資料に目を通すと、男性の官僚を呼びつけ、ドスの利いた低い声で「この柔道の問題は今、どうなっているの。報告書ある？」と詰問しました。担当の方が出張中で、全柔連からの報告書をみて改めて連絡します、ということでその日は解散しました。

それから二週間後、全柔連元理事からわいせつ行為を受けた被害者の女性からＳＮＳを経由して、私のところに告発があったのです。事態はまた一転しました。結果から言うと、このわいせつ事件は不起訴になりました。実は、示談となり、被害者が刑事告訴を取り下げたのです。被害女性に対して、周囲の態度は相当、厳しかったようです。元理事は書面で謝罪し、慰謝料を払いました。罪を認めたわけですが、周辺の話を聞くかぎり、女性が揚げ足をとったみたいな感じでしか受け止められてないようで残念です。このような女性蔑視の体質改善に関しては、時間をかけて治癒していく必要があると思います（この件については拙著『性と柔』で詳しく説明したので割愛させていただく）。

全柔連の組織改革

全柔連が　暴力、助成金不正受給問題、わいせつ問題と不祥事に揺れていた二〇一三年六月一〇日、国際柔道連盟（ＩＪＦ）のビゼール会長が突然来日しました。会見を開いたのは、上村会長が進退を決めるとしていた全柔連理事会の前日です。

ビゼール会長は都内で記者会見し、全柔連の上村会長の続投を支持したのです。一連の問題が最終決着に至らない中で、不自然な違和感の残る記者会見でした。上村会長も同席した会見で、ビゼール会長は「上村会長はクリーンな精神の持ち主。一〇〇％続投を支持する」「今辞めたら、問題の解明も改革も遅れる」と擁護をしたのです。さらに八月のＩ

ＪＦ会長選で再選された場合、上村会長を引き続き理事で起用することも明言したのです。上村会長がビゼール会長の信頼をアピールする機会として活用したとのではないかと思いました。しかし、これがかえって世論の反発を招くことになりました。自分の保身のために、ビゼール会長のお墨付きをもらうために呼び寄せた愚策にしかみえませんでした。

とはいえ、上村会長はすでに、助成金問題を調べる第三者委員会から中間報告を受けた際、「近いうちに進退を明らかにする」と事実上の辞意を口にしていました。しかし、その後、漏れ伝わるのは続投の意欲ばかり。第三者委員会の最終報告も遅れている中で、先のビゼール会長の鶴の一声もあり、六月一一日の理事会では会長らの進退は議論されないことになりました。このまま東京五輪の招致が決まれば、事態はフェードアウトするだろうと思っていました。

その間、全柔連内部では内閣府や文科省、ＪＯＣへ提出する報告書の作成に追われていたようです。特に、助成金不正受給問題の第三者委員会の中間報告に対して、全柔連側は「要望書」を三度も提出していたのです。その内容は、中間報告に対する抗議が主で、組織の関与を否定したものでした。また、組織の脆弱さを指摘されたことについても「第三者委員会の中立性・公正性という面で、こういうことでいいのだろうか」と、第三者委員会に批判的な検証を依頼しておきながら、出てきた中間報告書に対して抗議をするという体たらくであったのです。しかも、理事会の審議を通していないこれらの文書を第三者委員会に一方的に提出していたことも明らかになりました。

そのころ、衆議院の青少年問題に関する特別委員会から連絡があり、私は六月二〇日の同委員会に参考人として出席することになりました。いじめ・体罰がテーマでしたが、全柔連のことも聞きたいということで、山口香さんと一緒に呼ばれました。

実はこのころから水面下では本格的に司直のメスが全柔連に入りだしていたのです。片山議員からも連絡があり、全柔連の報告書と、私たちが提出した報告書や報道内容が異なるので事実確認をしたいということでした。

結局、二〇一三年七月二三日、全日本柔道連盟（全柔連）は一連の不祥事に対して内閣府の勧告を受けて、上村春樹会長および執行部が退陣し、宗岡正二・新日鐵住金代表取締役会長（東京大学柔道部出身）が会長に就任しました。新体制となり、宗岡会長は外部有識者や女性役員の登用、理事会・評議会の改組に取り組み始めました。

上村氏が辞めてから、今まで溜まっていたマグマが出てきたというのが本音です。次から次へと内部告発があり、指導者や学生の暴力事件（天理大学柔道部暴力事件〈注〉）が出てきました。これは悪いことではなく、これまで隠蔽されていた問題を顕在化しようとする浄化作用だったと思います。これは全柔連の執行部だけでなく、柔道界全体、草の根である地域の柔道家たちにも、意識改革が行き渡ってきたことだと言えます。

私は、柔道界に根を張る女性差別や暴力文化を根絶するためには、その根っ子の部分をしっかり記録することが必要だと思いました。当時、全柔連改革の中心にはいませんでしたが、個人としてその改革を後押ししたいと思いました。私が注目したのが、柔道の正史（講道館史）の中に秘史（大日本武徳会史）が埋もれていて、それが女性への蔑視・軽視を生んでいるのではないかということでした。調べてみると、埋もれた資料・証言が次々と出てきて、私はそれを世に出す責務を感じました。だからこそ『性と柔』を上梓したのです。

『性と柔』では、講道館を中心とした「柔道正史」と呼ばれていたものを根本から覆してしまったので、理解できない柔道家もいたようですが、おおむね好意的な評価でした。講道館の先生からも「よく調べたね」とお褒めの言葉をいただきました。

その一方で、「なぜエロチシズムなどのことを書いたのか」と苦言を呈す先生もいました。エロチシズム自体が柔道界のジェンダー（社会的・文化的性差）における根源にも関わらず、それを理解することができないことを知りました。

意外だったのは、ジェンダー論などで有名な社会学者の上野千鶴子さんが帯を書いてくれたおかげで、女性問題に興味のある方など、柔道と関係のない人にも読んでいただけたことです。

また、セクシュアリティやジェンダーに関する著書の多い北原みのりさんにも、「女の戦い方が書かれている」と評価していただきました。私としては単なる女子柔道の歴史で終わるのではなく、女性の戦い方、個人が組織とどう戦うか、伝統や旧態依然の組織に対し、弱者がどう立ち向かうのかという歴史を提示したかったのです。とりわけ一般女性から「勇気をもらった」との声は、自分としては思いがけない反応でした。

〈注〉天理大学柔道部で二〇一三年五月から七月にかけて、四年生の男子部員四名が、一年生部員複数に対して暴力を振るい、そのうちの一名が鼓膜を破るなどの負傷をした。同大学はこの件で柔道部部長の藤猪省太氏と監督の土佐三郎氏を解任した。主将であった大野将平選手を含む四年生の部員五人を三〇日の停学処分にしたと発表した。さらに同大柔道部に対しても、再発防止策が確認されるまで無期限の活動停止処分を下した。また、全柔連は、暴力行為に関わった世界チャンピオンの大野選手ら四年生九名に三カ月の登録停止処分を下した。これにより大野選手は全柔連の強化指定選手を一時的に外された。

全柔連の評議員に就任

全日本柔道連盟（全柔連）が変わったと思ったのは、二〇一三年末のことでした。これまで全柔連は柔道事故に対する講演を非公開で開催していたのですが、今回は連盟関係者だけでなく、メディア、一般関係者にも公開したのです。さらにフランスとイギリスから講師を招き、会場には、これまで全柔連と対立していた「全国柔道事故被害者の会」の村川義弘会長や『柔道事故』の著者・内田良名古屋大学大学院准教授らが出席していたのです。一般公開に踏み切った全柔連の姿勢には、これまでブラックボックス化していた隠蔽体質が改善されてきていると感じました。

二〇一四年が明けると、これまで数々の不祥事に対して、全柔連を厳しく批判してきた私を、評議員に推薦したいと打診を受けた際には正直、驚愕しました。二月一日付けで全柔連の評議員を拝命しました。

評議員会は全柔連の最高決定機関ですから、全柔連の方向性を導くものになります。

これまでの全柔連の評議員は五二名でしたが、宗岡会長の提案で、スリム化を図り、三〇人にしぼられました。また、評議員会とは別に、都道府県柔道連盟の会議として、全国代表者会議が設置されました。その結果、意見が整理され、成熟されたものが評議員会に上がってくるようになったのです。

評議員会では外部理事（柔道家ではない有識者）が加わることで、情実が入り込まず、理路整然と論議ができるようになりました。柔道家の常識と世間の常識のギャップ（乖離）を是正できるようになったと思います。

とはいえ、評議員に就任してから、柔道ムラの中心に入ると、これまで見えてなかったムラの構造がわかりました。私は、全柔連の幹部たちは派閥で固めた一枚岩だと思っていたのですが、実際はそうではありませんでした。派閥ではなく、お互いの利害関係で関係を保持していたということがよくわかりました。それはどの組織でもある道理だと思います。問題があっても、役職のため、保身のためにお互いが遠慮し、会議では自由な発言ができず、顕在化されにくくなっていました。

閉鎖的な組織（ムラ社会）では、「見ざる、聞かざる、言わざる」が習慣し、問題を顕在化せずに隠蔽しようとする傾向があります。このムラ社会を打破するために、その逆の手法を用いて、見せる（可視化）、聞く（傾聴）、発言する（言語化）ことを心がけました。

評議員会では全柔連の自浄能力を高められるよう、柔道ムラの中心から忌憚なく発言していきたいと思いました。

実際、問題解決のために、不躾ですが、高段者の面識のない役員に、直接対話する機会をもち、問題を投げかけたり、意見交換をしたりして、理解を求める努力をしました。また、大会会場や合宿先にも顔をだし、強化現場のスタッフにも直接意見を求め、現場の問題点を抽出するようにしました。特に意識したのは、私が出席した評議員会などの会議で、自由に発言できる雰囲気を作ることでした。

とはいえ、理論で論破しても、柔道家の役員からは「溝口も外部委員の人も現場をわかっていない」と苦言を呈されることがあります。現場とは選手強化のことです。選手強化に偏重される傾向は、外部の人間にはあまり理解できないのです。とくに瀬戸際の勝負に対して、ルール違反ギリギリで勝つことを求める現場の姿勢は、なかなか理解されにくいのも事実です。

また、柔道界全体の改革は、全柔連だけで推し進めるだけではなく、家元の講道館の体質改善・協力がなければ、達成はできないと実感しました。それを象徴するような事件が起きました。全柔連が柔道事故防止を進める中、二〇一四年三月一五日、沖縄県豊見城《とみぐすく》市の柔道場で、稽古をしていた小学三年生の男子児童が、頭痛を訴えて倒れて意識不明の重体になる柔道事故がまた起きたのです。この事故によって、全柔連の改革が末端の地方の柔道家にまで届いていないことが明らかになりました。

柔道事故防止に取り組み始めた全柔連

これまで全柔連や都道府県教育委員会は安全指導マニュアルの作成や安全指導研修を丹念に行い、事故防止に努めてきました。その結果、二〇一二年から三年間は、柔道による死亡事故は起きていなかったのです。ところが、二〇二〇年の東京五輪の開催が決まり、全柔連では「全日本小学生強化合宿」を開催するなど、強化が始まった矢先に、小学生の事故が起きてしまったのです。このことは、全柔連が従前のシステムを見直し、改革を進めていても、全国の柔道家には当事者意識がなく、根っ子の部分までは体質改善ができていないことを象徴しているようでした。

さらに、二〇一四年四月三〇日、長野地裁において元柔道指導者が業務上過失傷害罪で有罪となる判決が下りました。このニュースに柔道界は衝撃が走りました。長野県松本市の柔道教室で、当時小学六年生だった少年が重い障害を負った柔道事故をめぐり、業務上過失傷害罪で強制起訴された柔道指導者（四一）に、長野地裁は有罪判決（禁錮一年・執行猶予三年）を言い渡したのです。元指導者は片襟で「体落（たいおとし）」をかけ、急性硬膜下血腫を発症させたという疑いです。

弁護側は、当時柔道界で加速損傷（激しく揺れた脳で血管が切れる）は知られておらず、事故は予見できなかったと主張しました。しかし判決は、検察が嫌疑不十分とした加速損傷ではなく、そもそも元指導者が未発達な児童を「片襟体落」で投げたことが安全配慮に欠けていたと判断し、有罪となったのです。

片襟で投げられると、片方の袖や襟をつかんでいない状態で空中に放り出されるので、両手での投げに比べて、バランスが不安定で受け身が難しいのです。指導者と子どもは体重差、力量差もあり、スピードがより加速して受け身が困難だったことが予想されます。試合規定でも片襟を長く持つことは禁止されています。

この判決は、柔道界に一石を投じました。柔道事故は不可抗力ではなく、指導者の資質や責任が問われることになったのです。つまり、柔道事故ではなく、柔道事件になるということです。それに、これから資格のないボランティア指導者は、安易に指導ができなくなるのです。さらにこの公判は、司法のあり方を問うものでもありました。強制起訴審議においては、世論の動向が大きく反映するのです。これまで、強制起訴されても有罪になることがなく、検察審査会の形骸化が問題視されていました。ところが、全柔連指導者の暴力問題、金メダリストの準強姦事件と、柔道界の不祥事が続いて、世間の関心が高まり、民意を得られやすくなっていたと言えるのではないでしょうか。全柔連は判決の翌日、柔道事故の再発防止に向けての見解をホームページに掲載し、スピード感のある対応をしました。これには私も瞠目しました。指導者の罪が認定され、組織内でより危機感が強まったと思いました。全柔連が本気で変われるきっかけになるかもしれない、と。

これまで、柔道事故の啓発に先頭に立って尽力してきた、名古屋大学大学院の内田良准教授は、

これまで学校管理下だけでも、三〇年間で一一八名の中高生が柔道で命を落としてきた。主要部活動の中で、柔道部の死亡率は断トツだ。これほどまでに重大事故が続いてきたにもかかわらず、全柔連は事故被害者の存在にまったく目を向けようとしてこなかった。二〇〇九年冬頃から、全柔連が遅まきながら重大事故に関心を示すよう

になったことは確かである。しかしながら、それがパフォーマンスにしか見えないことは、被害者とその家族が誰よりも強く感じてきた。なぜなら、二〇一〇年以降の個別の重大事故発生においても、または個別の民事裁判においても、全柔連は相変わらず何のコメントも発表せず、まるでそんな被害者などどこにもいないかのような態度をとってきたからである。全柔連は重大事故に本気で向き合おうとしているのか、被害者の不信は深まるばかりであった。全柔連の不遜な態度が松本の有罪を受けて、一転するように全柔連は判決直後に都道府県連盟に対して安全指導に関する通達を発出したのであった。この対応には、被害者の会メンバーは皆、驚かされた。(内田良・名古屋大学准教授「Yahooブログ　全柔連と事故被害者の会　歴史的歩み寄り――シンポジウム開催『子どもを守る〝安全の両輪〟にしたい』」http://bylines.news.yahoo.co.jp/ryouchida/20140614-00036361/　二〇一五年一月六日閲覧)

と言います。

さっそく、全国柔道事故被害者の会の村川義弘会長から私に連絡がありました。

「被害者の会と全柔連は対立するのではなく、柔道の安全の実現のためには車の両輪であるべきだと考えています」と、全柔連と意見交換の場を持ちたいということでした。全柔連の執行部に村川会長の意向を伝えると、すぐに前向きに検討してくれました。

二〇一四年五月三〇日、私も同席して、全柔連の上層幹部二名と被害者の会の村川会長、澤田副会長の面談が実現しました。被害者の会からは、要望書が全柔連側に提示されました。その要望書の中に、被害者の会主催のシンポジウムに、全柔連から講師を派遣してほしいという要請が入っていました。私も被害者の会のシンポジウムにはこれまで参加していましたが、あくまでも個人の活動であり、全柔連の肩書きを掲げて参加したことはありません。それだけに難しい要望だと思っていたのですが、上層幹部はその場で「ぜひ、やりましょう」と即断してくれたのです。私の目からは大粒の涙がこぼれていました。

シンポジウム当日は、全柔連前総務副委員長の正木照夫氏（八段、正木道場館長）が登壇し、柔道事故の再発防止と全柔連の今後の対応について講演されました。正木氏は、松本市柔道教室の裁判でも、有罪判決に影響を与える重要な証言をしているだけに、その思いは柔道家だけでなく、被害者の会の会員にもしっかりと届いたようです。

その後、講道館の会議室で、これまで交わることのなかった全柔連と被害者の会が、柔道の重大事故防止に向けて「協議会」というかたちで、ついに話し合いのテーブルについたのです。スポーツ競技団体と事故被害者団体が手を携えるということは聞いたことがありません。全柔連の体質改善が着実に進んでいると思います。

会議の中で被害者の会の村川会長は、「私どもはある意味、毒なのかもしれません。非常にあくの強い団体であるかもしれません。その毒で全柔連の毒（暴力体質）を制すことができるのであれば喜んで協力していきます」と言いました。とてもシュールな発言ですが、つまり「毒をもって毒を制す」という趣旨だと思います。その発言を受けて、宗岡全柔連会長は、「事故ゼロに向け、被害者の会と協力して全力で取り組んでいきたい」と全面的な協力を約束しました。

柔道界の改革がなかなか進まない、根深いハラスメント体質を改善することはとても難しい、と感じていたところに、外部から最強の協力を得ることができました。情報量が豊富で、かつメッセージ力が最も強い被害者家族の話を、末端の指導者にまで届けることで、柔道界の意識を変えることができると思いました。

以上のように本章では、日本柔道クライシスの経過を振り返ってみました。現在、家元組織の講道館の組織改革、段位制度と指導者資格の問題、都道府県の柔道協会のガバナンス問題、全国柔道事故被害者の会との関係など、課題は山積し、全柔連の改革は道半ばです。

また、柔道競技者の登録人口の減少は著しく、二〇一三年度の会員登録人数が過去最少の一六万九三三三人となり、前年から減った六二〇七人のうち、約四千人が小中学生であったと、全柔連は報告しています。

全柔連の近石康宏専務理事は、「一連の不祥事が大きなイメージダウンとなり、非常に深刻な状況だ」と述べ、授業や部活動における柔道事故の発生も原因に挙げました。山下泰裕副会長は「どうすれば競技人口が増えるかについて今まで全く議論されていない。早急に取り組まないといけない」と危機感をあらわにした、という報道があるように、柔道人口の減少は著しいのです（「47NEWS　全柔連登録、小中学生が大幅減　理事会で報告」二〇一四年六月一六日付 http://www.47news.jp/smp/CN/201406/CN2014061601002104.html　二〇一五年一月六日閲覧）。

それでは、どのように日本柔道の改革を進めていけばよいのでしょうか。とりわけ、これまで述べてきた部活ムラ、男たちのムラ社会からどのようにすれば脱却できるのでしょうか。第二部では、フランスの柔道をとりあげ、日本のスポーツ、柔道の方向性を考えていきたいと思います。

第二部　フランスのＪＵＤＯ、日本の柔道

Ⅳ　フランスのスポーツ行政事情

私が日本の柔道界が特異であることに気がついたのは、二〇〇二年にフランス柔道ナショナルコーチになってからです。

フランスでは、柔道の登録が五九万二三三二人（二〇一一年度）を数え、フランス国内では人気のあるスポーツの一つで、柔道指導者を取り巻く環境も日本とは全く違います。柔道指導者資格は国家資格であり、指導者の質・処遇・職責が保証され、安定したクラブを経営することができます。だからこそ現在、子どもの柔道事故はゼロで、安全な指導法のもと選手強化育成が行われ、世界最強と言われる男子柔道のテディ・リネール選手のようなすばらしい選手が誕生しています。

図４　戦後のフランス柔道連盟登録者数の変化

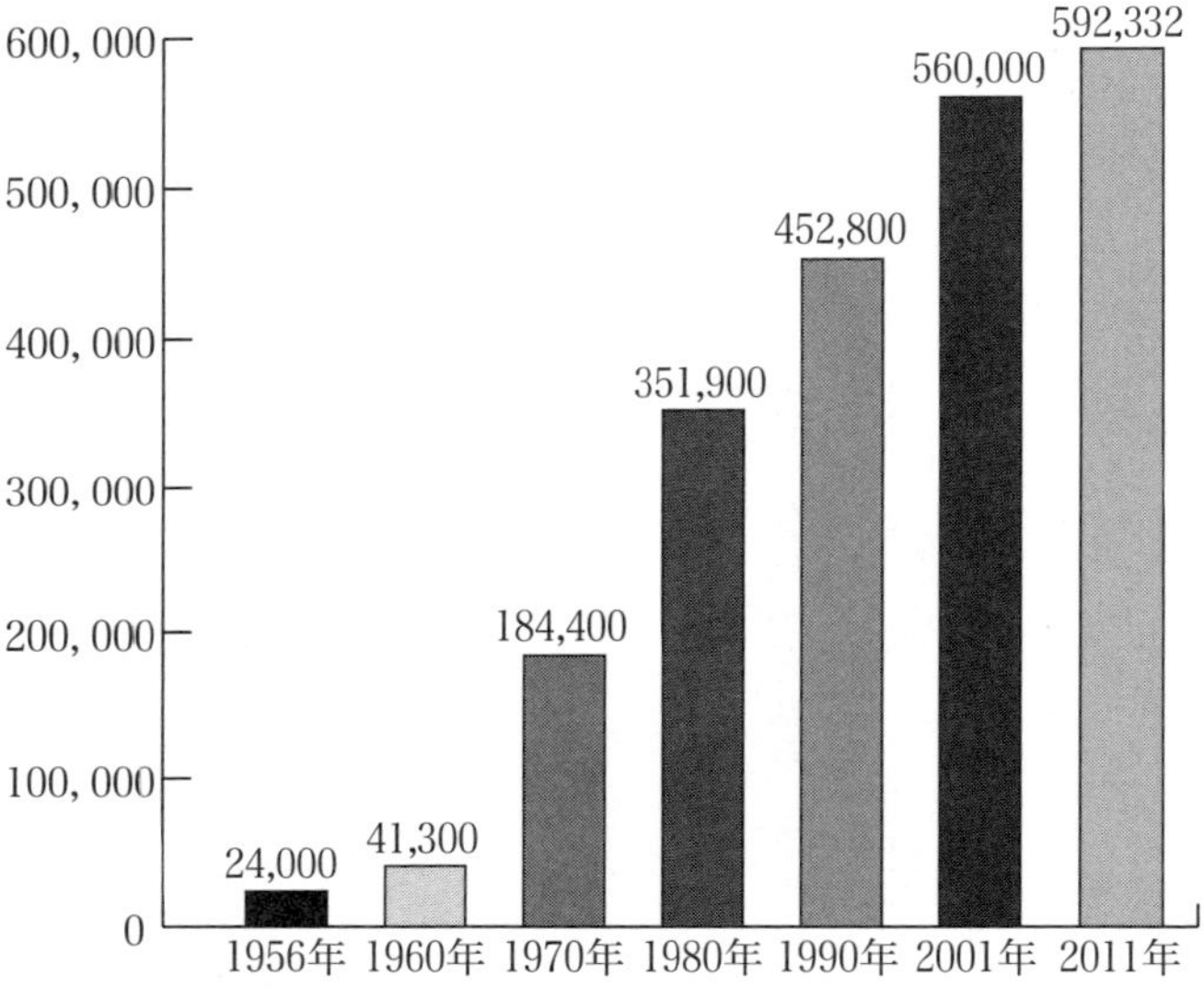

※フランス国立統計経済研究所(INSEE、http://www.insee.fr)発表のデータを元に作成

なぜ、フランスは強化と普及が円滑に行われているのでしょうか。フランスでは、安全のために、行きすぎた勝利偏重主義、競技趣向にならないよう一二歳以下の子どもの全国柔道大会は開催されていません。ちなみに日本では二〇〇三年度から学年別、体重別で小学校五・六年生の全国大会が開催されています。

本章では、フランスの指導者養成制度をクローズアップしつつ、教育・強化・安全の三位一体型のスポーツ指導者養成システムのあり方について考えていきたいと思います。（フランスのスポーツ事情については、文部科学省ホームページ http://www.mext.go.jp/component/a_menu/sports/detail/__icsFiles/afieldfile/2011/08/03/1309352_009.pdf〈二〇一五年一月六日閲覧〉を参考にした。）

フランスのスポーツ行政組織

第二次世界大戦が勃発して、フランスはナチス・ドイツ軍に占領され、ヴィシー傀儡政権が成立します。ヴィシー政権のモットーは「労働、家族、祖国」でした。当時のスポーツに対する価値観は、フランスに忠誠を誓う騎士道の精神と共通しており、フランスを統治する目的にスポーツが利用されたと言っても過言ではないでしょう。

戦後は、ドイツに占領されたことを反省し、フランスの国力強化のために、国民スポーツの充実を目指します。その結果、労働者階級に、娯楽の一つとしてスポーツが浸透していきました。「le terrain de sport est un champ de santé（運動場は健康促進の場）」というプロパガンダ運動は、国家の革新をめざすあらゆるテーマを促進し、大地（自然）への回帰、優生思想、怠惰やアルコール依存症などの害悪撲滅などを目的としました。

一九五八年、フランスは第五共和制となって行政の権限が強化され、スポーツへの政治的・国民的関心の高まりに並行して、六三年に青少年・スポーツ庁が、六六年に青少年・スポーツ省、九六年にスポーツ担当省、二〇〇二年にスポーツ省というように、スポーツ行政組織の充実が図られてきました。同省は、「体育・スポーツ法典」に基づいて政策を立案し、実行している中心的政府機関です。主な仕事は、スポーツ強化、スポーツ振興、ドーピング対策、スポーツ連盟の管理で、関連機関には、地方機関・国立青少年社会教育研究所（ＩＮＪＥＰ：Institut national de la jeunesse et de l'éducation populaire）・国立スポーツ研究所（ＩＮＳＥＰ：Institut national du sport de l'expertise et de la performance）などがあります。

この経過をみると、まさに現在の日本が五〇年前のフランスの動向と重なります。日本では二〇一五年にスポーツ庁が設置されます。さらに二〇二〇年の東京五輪・パラリンピックに向けて、スポーツ省設置の気運が高まっていくことになるでしょう。

フランスのスポーツ政策の特徴は、スポーツ省を中心に、スポーツ専門の行政組織によって実施されていることです。とりわけ、スポーツ政策の基本を定めるスポーツ法成立も歴史的に古く、先に述べたヴィシー政権が制定したスポーツ組織に関する法律（一九四〇年）に始まり、一九七五年および一九八四年のスポーツ基本法の制定を経て、二〇〇六年にはスポーツ法典が編纂されました。このスポーツ法典は、一九八四年のスポーツ基本法、ドーピング法、教育法典における体育・スポーツ教育に関する規定を中心に編さんされたものです。四編一四章三二節二五四条からなり、第一編「身体的およびスポーツ的活動の組織」、第二編「スポーツのアクター」、第三編「スポーツ実践」、第四編「諸規定」から構成されています。

特徴的なことは、スポーツ法の一般原理、国・地方公共団体など公法人によるスポーツ振興の責務、スポーツ非営利社団、スポーツ会社、スポーツ連盟、プロフェッショナルリーグ、フランスオリンピックスポーツ委員会、スポーツ調停、スポーツの職業教育、有償スポーツ教育と資格、高水準スポーツ、プロフェッショナルスポーツ、選手契約、スポーツ代理人、スポーツマンの健康、ドーピング対策、動物ドーピング対策、自然スポーツ、スポーツ施設、スポーツ保険、スポーツの衛生および安全、スポーツ行事の組織および安全、スポーツ行事の放送、スポーツの財政、海外適用規定など多様な規定が明記されていることです。

全柔連の不祥事からスポーツ競技団体のガバナンス能力が問われたように、約一〇年前にフランスでも公共性という立場からスポーツ競技団体の自浄能力を促すための法整備がされたのです。

また、フランスは、「オリンピックの父」と言われるピエール・ド・クーベルタンをはじめ、世界のスポーツ界をリードする人物や主導的な団体組織を輩出しています。例えば、ＦＩＦＡ（国際サッカー連盟）、ＦＩＮＡ（国際水泳連盟）の正式名称はそれぞれ、「Fédération Internationale de Football Association」「Fédération Internationale de Natation Association」となるようにフランス語で表記されています。フランス語で公式に連盟名が表記されている場合、フランスがイニシアチブをとってきた歴史であることが伺えます。

今後の動向としては、国際的には、特に欧州連合（ＥＵ）および欧州評議会を中心に進められてきているスポーツ政策に国内のスポーツ政策をどのように対応させ、主導的な立場を維持していくかが課題です。例えば、スポーツ指導者資格の運用などです。

国内的には、地方分権改革に対応して、スポーツ行政組織やスポーツ政策の地方分権をどのように図るかが政策課題です。例えば、スポーツに関する総合計画と地方スポーツ計画との関係も、国全体の地方分権改革に応じて定める必要が生じています。これは地域スポーツクラブの助成のあり方などが挙げられます。

表6　フランスのスポーツ行政組織関係図

	スポーツ行政	競技団体	選手強化組織
フランス（1国家）	スポーツ省（MS）	スポーツ連盟（NF）など（82種目）	フランスオリンピック委員会（CNOSF、82種目）
地　域（22地区）	スポーツ省支局（22支局、DRJS）	スポーツ連盟（NF）支局	フランスオリンピック委員会地域支局（CROS、82種目、22支局）
県（100県）	スポーツ省県支部（100支部、DDJS）	スポーツ連盟（NF）県支部	フランスオリンピック委員会県支部（CDOS、100支部）
市町村	市町村スポーツ課	クラブ	

※⟺：指導・援助・助言等の関係を表す（人の流れ）
※●―●：事業委託、事業協力、補助金の関係を表す（金の流れ）
※フランスには82種目の競技団体が存在し、そのうちの28種目がオリンピック競技指定種目となっている。
※MS＝Ministère des Sports
DRJS＝la Direction régionale de la Jeunesse, des Sports et de la Cohésion sociale
DDJS＝la direction départementale de la jeunesse et des sports Comité national olympique et sportif français
NF＝National Fédération
CNOSF＝Comité national olympique et sportif français
CROS＝Comité régional olympique et sportif français
CDOS＝Comité départemental olympique et sportif français

フランスのスポーツ行政組織は、表6のようにスポーツ省を中心に組織され、スポーツ振興・強化が行われています。その特徴は国(national)、地域(Region)、県(department)、市民(comumunity)の段階ごとにそれぞれのスポーツ機関を設置していることです。このような仕組みをつくることで、縦だけではなく、横のつながりも柔軟に対応し、関連するスポーツ機関への協力が柔軟で迅速な関係を保つことができています。また、スポーツ行政、競技団体、オリンピック委員会、それぞれの役割分担が明確なうえに、各競技団体の自治運営が確立されていることが、縦にも横にも整備された組織を円滑に機能させているとも言えます。

スポーツ行政の活動の中心は競技団体による部分が大きく、指導や支援・助成金・補助金はスポーツ省やオリンピック委員会がオーガナイズし、各競技団体はスポーツ振興政策、選手強化のために直接的に運用しています。

フランスの強化システム

＊強化選手（スポーツエチュード）と地域トレーニングセンター（CREPS）

フランススポーツの強化組織を表したのが図5です。競技種目の特性によって強化方法が異なりますが、主として行われているフランスの強化システムは、選手は、クラブチームに所属し、県大会などの地域の大会で優秀な成績を収めると、強化選手（Sports Etude〈スポーツエチュード〉）に指定され、「ポールエスポワール（Pole Espoire〈強化練習場〉）」と呼ばれる県のスポーツ強化拠点で強化練習をすることが許されます。しかし、学業の成績

図５　フランスのスポーツ競技ピラミッド（柔道の場合）

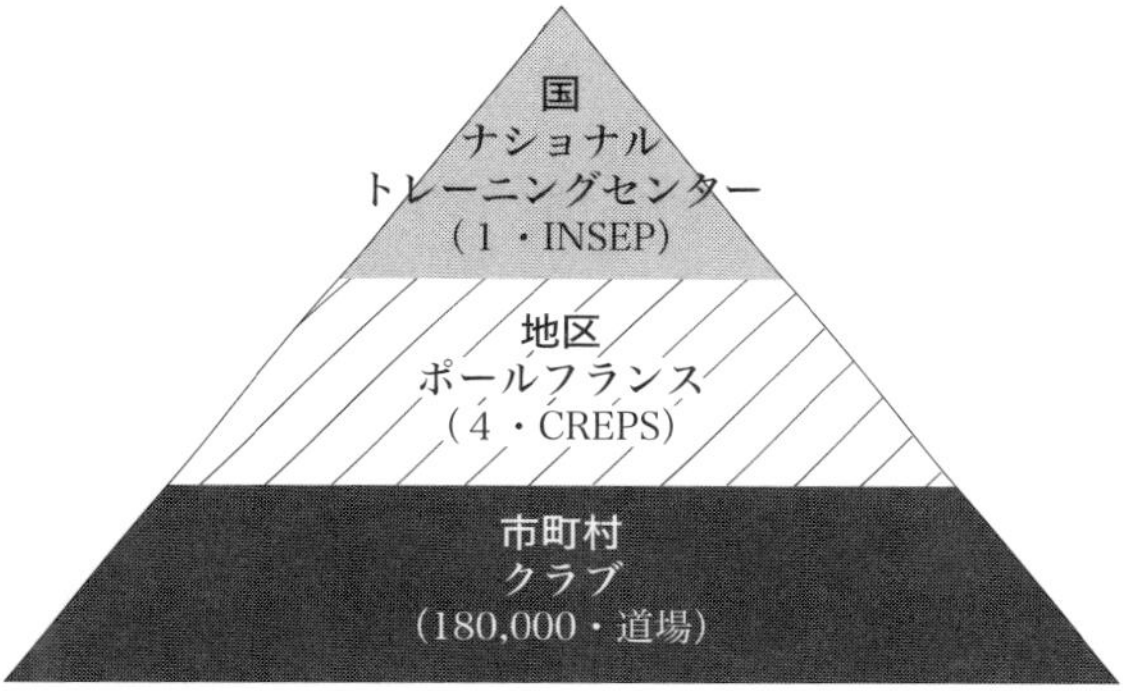

の評価が悪い場合はこれにあたりません。

スポーツエチュード（強化選手）になると、自分の学業成績、学業専攻に応じて、競技団体が運営するポールエスポワールの近郊の学校に入学することができます。寮や学費は免除となり、競技団体から派遣されたレベルの高い指導者に指導を受けることになります。「ポールフランス（Pole France）」は「ポールエスポワール」のシステムと同様ですが、ポールエスポワールからひとつ上のレベル（地域の強化指定選手の選抜）での練習環境となります。

「ポールフランス」「ポールエスポワール」の活動場所は、主にＣＲＥＰＳ（Centre Regional d'Education Physique et de Sport）で行われます。ＣＲＥＰＳとは、宿泊や強化拠点の施設をもつ、地域トレーニングセンターであり、フランス国内に三〇以上の施設が存在します。例えば、柔道のポールフランスは、オルレアン、マルセーユ、ボルドー、ストラスブールの四カ所に設置されています。

＊スポーツエリートと国立スポーツ研究所

フランスのトップクラスのスポーツ選手を強化する国立スポーツ研究所（ＩＮＳＥＰ）の前身は、第二次世界大戦終結直後の一九四五年に創設された国立スポーツ学院です。一九七四年に改組・改称され、国立スポーツ研究所（ＩＮＳＥＰ）となりました。同研究所は、スポーツ省が管轄し、ナショナルチームの強化拠点であり、「金メダル製造所」とも言われています。フランス本国だけでなく、海外県〈注1〉からも高い才能と実力をもった「スポーツエリート」〈注2〉と呼ばれる選手たちを受け入れています。ここでは、トレーニングだけでなく、学業とも両立できるように最適な環境が整えられています。スポーツエリートは、全国の各競技団体から推薦されて、住居施設と練習・教育施設を与えられることが保障されています。

私がコーチとして在任していた二〇〇四年ころは、ＩＮＳＥＰには二八競技団体から八五〇人のスポーツエリート、一五〇人のコーチ、六〇人の医者と理学療法士、五〇〇人のスタッフで構成されていました。

各種目の競技ごとに、窓口担当者（コーディネーター・スポーツ連盟職員）を配置し、CREPSやスポーツ連盟との連携を図り、常に国内の才能をもった選手を発掘、招集できるような情報システムを整えています。施設内の大学では、体育教員、スポーツ指導員、商業関連の資格が取得でき、選手の学力レベルに合わせた学習指導が実践されています。また高校生には、外部講師を呼び、高校卒業資格（バカロレア）の取得を目指して指導しています。

医科学面のサポートでは、メディカル、メンタル、フィジカルの各方面から選手をサポートするシステムが整っているので安心です。さらにフィジカル測定では、スポーツ連盟からの要望測定項目が決定され、CREPS時代のデータも引き続き管理されています。このように全ての競技の選手がデータベース化され、一貫指導、継続管理が的確にされているのも特徴的です。

私にとって非常にありがたかったのが、INSEP内にあるカフェです。お昼休みにカフェにでかけると、さまざまな競技種目のコーチとコーヒーを飲みながら情報交換できるのです。それはコーチだけでなく選手も同様です。自分の競技の情報だけでなく、さまざまな種目の動向、例えば最新のトレーニング科学、ドーピングの情報、海外情勢など、あらゆる情報交換の場となっていたのです。もちろん、私もここで情報収集しただけでなく、「スポーツフランス語」を磨く場になったことは言うまでもありません。

〈注1〉フランスには「海外県・海外領土（フランス語で「départements et territoires d'outre-mer」、通称DOM—TOM）と呼ばれる、フランスがヨーロッパ以外に有する領土がある。グアドループ、マルティニーク、フランス領ギアナ、レユニオン、マヨットが「海外県」に該当する。

〈注2〉フランスにおける「スポーツエリート」の定義は、「個人として重要な記録や順位に達した選手、もしくは代表チームの正式メンバーとしてオリンピック競技や世界選手権に参加する選手は、エリート級に登録されうる」（一九九三年八月三一日に公示されたハイレベルのスポーツとスポーツ施設に関する政令）とされている。

フランスのスポーツ連盟

フランスのスポーツ連盟の登録状況について触れておきます。

フランスの二〇〇八年のスポーツ連盟に加盟している登録証所持者およびその他の参加者ののべ人数は、約一六七八万人でした。スポーツ連盟の登録証所持者が一五三四万人であり、その他の参加資格者が一四四万人であることから、フランスでは「スポーツ登録証（ライセンス）」を所持している人の割合が高いと言えます。スポーツ登録証の所持義務は、ス

図6　フランスの各スポーツ連盟の登録者数（2011年）

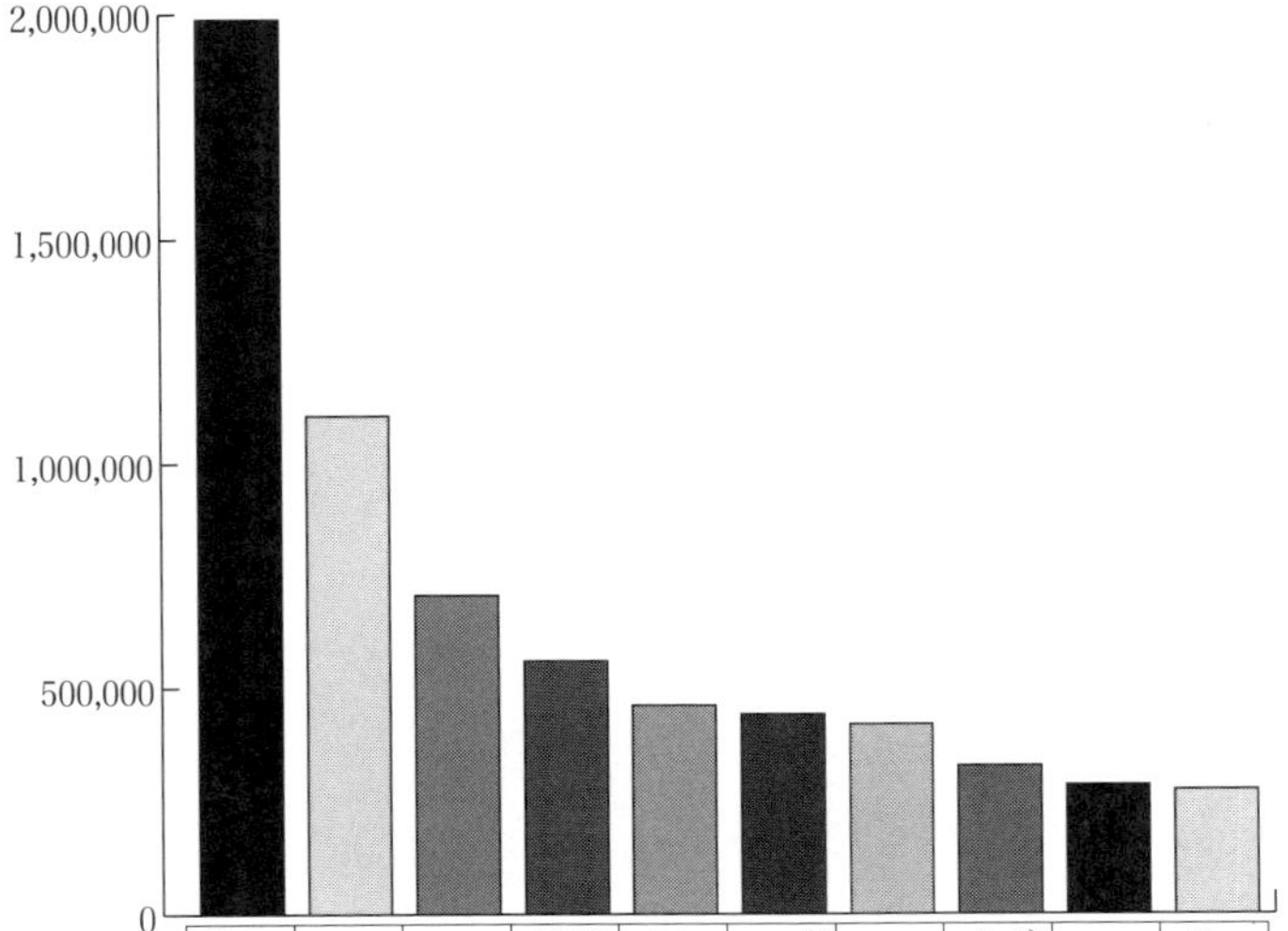

サッカー	テニス	馬術	柔道柔術	バスケット	ハンドボール	ゴルフ	ラグビー	水泳	バレーボール
1,988,505	1,102,921	705,783	561,163	461,097	441,357	418,340	326,368	284,513	274,122

※数字は人数 / フランス国立統計経済研究所（INSEE）発表のデータを元に作成

ポーツ法典第L・一三一—六条で、「スポーツ連盟に加盟している団体に登録する会員はスポーツ登録証を所持しなければならない」と定められています。

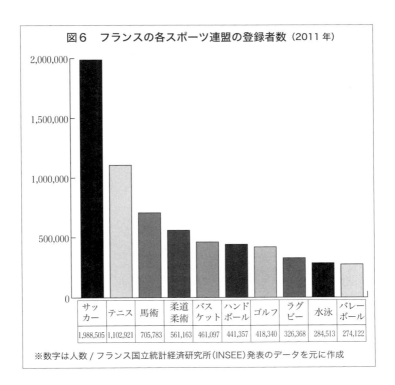

　スポーツ連盟の加入者状況は、毎年統計が公表されており、国内スポーツ連盟を中心に組織の評価、検証に利用されています。

　フランスには八二種目の競技団体が存在しますが、そのうちの二八種目がオリンピック競技指定種目です。スポーツ登録者数の最も多いスポーツは二〇一一年の統計で、サッカー

表7　フランスの柔道登録年層（2005年）

年　齢	フランスの年代別人口	柔道家数	総人口における柔道家数
4～6	2,400,618（3.8%）	77,000（14%）	3.3%
7～11	3,785,520（6%）	242,000（44%）	6.4%
12～16	3,944,388（6.3%）	88,000（16%）	2.2%
17～30	10,425,082（16.5%）	60,500（11%）	0.6%
31～60	26,739,772（42%）	82,500（15%）	0.3%
合　計	47,295,380（4～60歳までの人口）	550,000	1.16%

※フランス国立統計経済研究所（INSEE）発表のデータを元に作成／（　）内の数字は総人口における割合

の一九八万八五〇五人、次いでテニスの一一〇万二九二一人、馬術の七〇万五七八三人、四番目が柔道の五六万一一六三人です。プロリーグを持つ、サッカー、テニスについで、アマチュア団体の柔道に人気があるのは非常に興味深いです。フランス柔道連盟の正式名称は、「フランス柔道・柔術・剣道等の共同体」（Fédération française de judo et disciplines associées）と言います。ちなみに、二〇〇五年度のフランス柔道の登録者数の七四%が一六歳以下の子どもたちです（表7）。

日本の柔道登録者数と指導者資格について

一方、日本の柔道は、二〇一二年度の全柔連登録者数は一七万五五四〇人であり、高校生以下の割合が約六一%です。指導者の割合がフランスと比べると高いことがわかります。

ただし、講道館登録者数（段位取得者数）は一三〇万人とも言われています。全柔連と講道館の登録者数に極端な差があるのはなぜかというと、段位認定の団体である講道館と、全柔連の二つに登録する二重規定が存在するからです。講道館の登録は主に有段者の登録であり、毎年更新するのではなく、昇段の際に登録するので累計統計となっているのです。

したがって、活動がない有段者の場合、全柔連登録をしていない場合が多いのです。黒帯は持っていても全柔連登録していない場合もあるし、反対に黒帯を持ってない子どもは、全柔連登録はしているけれど講道館に登録していない場合もあるのです。

指導者で言えば、有段者であるけれども、全柔連指導資格がないまま、道場を経営し、指導している場合もあります。ちなみにフランスでは、段位認定と登録は、毎年フランス柔道連盟が管理することになっています。

図7　全日本柔道連盟登録者の内訳（2012年）

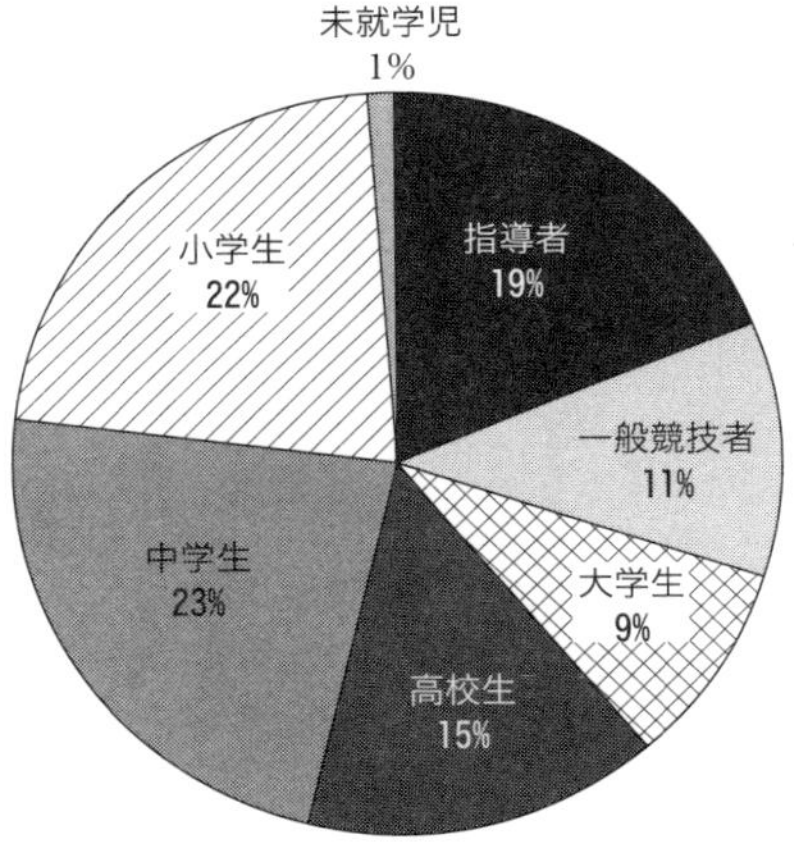

※全柔連評議員会資料を元に著者が作成

近年、柔道事故が多発し、体罰事件など指導者

表８　全日本柔道連盟公認指導者資格区分

区　分	A	B	C
資　質	指導者を養成するために必要とされる程度の高度な指導力を有する者	選手の指導に必要とされる専門的な指導力を有する者	選手の指導に必要とされる基礎的な指導力を有する者
年　齢 段　位 年　限	24歳以上 ５段 B取得後２年以上、継続的に指導に関わっていること	22歳以上 ４段 C取得後２年以上、継続的に指導に関わっていること	20歳以上 ３段
取得方法	総研修時間30時間（「集合」研修15時間＋その他15時間）	総研修時間21時間（「集合」研修15時間＋その他６時間）	総研修時間14時間（「集合」研修10時間＋その他４時間）

※全日本柔道連盟ホームページ　「『公認柔道指導者資格制度』について」を元に作成／全柔連公認指導者資格については、2014年現在見直し中／「その他」は、自宅学習や課題学習などを指す。

の暴力体質が問題となり、二〇一三年から全柔連公認指導者資格制度が開始されました。現在の全柔連登録は、保険が付帯しているうえ、大会に参加する条件として、指導者や審判員資格に全柔連登録を義務づけているので、今後は全柔連登録を行う柔道家が増えていくと考えられます。

また、高段者が必ずしも良い指導者になるとは限りません。登録の二重構造により、段位と指導者の質を保証できていない要因になっているかもしれないのです。このまま段位と指導者資格を整合しなければ、指導者資格は形骸化する可能性もあります。全柔連の資格認定試験や資格更新研修が行われることはもちろんですが、講道館の段位認定試験も、指導者としての資質を問う内容であるかが検証されるべきです。

フランスのスポーツ指導者制度

フランススポーツの指導者制度の特徴は、担当するスポーツの専門指導者はみな、公務員となることです。一九九六年のスポーツ担当省設置以後、スポーツ省に属する国家公務員の身分でありながら、スポーツ連盟（ＮＦ＝National Fédération）などに出向し、ＮＦの監督下でその職務を遂行する専門職制度が整備されているのです。

私も外国人でありながら、フランスナショナルチームコーチ（Entra îneurs nationaux）に就任した際には、国家公務員の処遇を受けました。

柔道指導者免許（DEJEPS:Diplôme d'État de la Jeunesse, de l'Éducation Populaire et duSport）などの、フランスの国家免許は保持していませんでしたが、当時、私が資格として持っていた教育学修士・教員免許・教員専修免許・日本体育協会C級指導者資格（公認柔道コーチ）を読み替えることができました。また、代表コーチになると、スポーツ省だけでなく、ＮＦとの契約も個別に結ぶことができます。

＊スポーツ指導管理者（公務員）

スポーツ専門の技術指導を担当する公務員を総称して、技術指導管理者（cadres techniques）、またはスポーツ専門技術顧問指導員（conseillers techniques sportif）と言います。主にＮＦに帰属するスポーツ専門技術顧問指導員は一六八三人（二〇一〇年統計）でした。多くのＮＦは独立採算が成り立たず、職員の採用が困難であることから、行政がスポーツ連盟に対して人的・経済的支援をするようになったと聞きました。

公務員としての指導管理者には、次の職があります。

①強化委員長（Directeurs Techniques Nationaux：ＤＴＮ）

強化委員長は、高度に専門的なスポーツの技術を有し、多くの場合、かつてのチャンピオンなどがＮＦから指名されます。任命者はスポーツ省大臣です。強化育成はもちろん、普及活動や所属するスポーツ連盟の会長を補佐する管理職です。

②地方専門技術顧問指導員（Conseillers Techniques Regionaux：ＣＴＲ）

地方専門技術顧問指導員は、地方レベルでスポーツ省の公務員と連携をはかりながら、さまざまなスポーツ活動を推進することを任務とし、地方行政が採用し、スポーツ省の地方行政の局長の監督のもとに置かれます。

③ナショナル・コーチ（Entraîneurs nationaux：EN）

ナショナル・コーチは、国際的な競技会のためにナショナルチームを指導・強化することを任務としています。私もフランスチームのコーチに就任した際には、この役職でした。

④国家専門技術顧問指導員（Conseillers Techniques Nationaux：CTN）

国家専門技術顧問指導員は、全国レベルで関係する連盟の指導管理者の研修教育・研究・調査・分析・活動の組織および選手の強化指導を行うことを任務としています。

⑤オリンピック準備のための行政契約公務員（préparation olympique：PO）

スポーツ省に、国家代表レベルの選手のための、スポーツの技術および指導を行う行政契約公務員です。

⑥県専門技術顧問指導員（Conseillers Techniques Départementaux：CTD）

スポーツ指導者の職業免許制度

日本のスポーツ指導者のほとんどがボランティアで指導をしていると思われますが、フランスでは、スポーツ法典に基づき、資格免許を所持しなければ有償でのスポーツ指導を

表9　フランスのスポーツ指導者資格

レベル	免許範囲	免許名	柔道指導者免許
V	職業教育免状（BEP）または職業適性資格（CAP）の研修教育と同等ならびに成人職業教育資格（CFPA）と同格のレベルの研修教育を求められる職務に従事する者	BAPAAT	Assistant Professeur（柔道準指導者）
IV	職業資格（BP）、技術免許（BT）、職業バカロレアまたは技術バカロレアと同等の者	BPJEPS (BEES1)	Professeur de Judo（柔道指導者）
III	技術短期大学学部修了免状（DUT）または高等技術免許（BTS）レベルの研修教育または高等教育第1課程修了を求められる職業に従事する者	DEJEPS	Professeur de judo, Directeur techniquede structure（柔道指導者〈上級〉、連盟部長および振興指導管理者）
II	学士または修士と同等なレベルの研修教育を求め職業に従事する者	DESJEPS (BEES2)／DEDPAD	Entraineur Formateur（指導管理者、職業訓練責任者）
I	修士以上のレベルの研究教育を求められる職業に従事する者	(BEES 3)	専門家または研究者

BAPAAT：青少年・スポーツ専門推進員助手職業適性免許（Brevet d'Aptitude Professionnelle d'Assistant Animateur Technicien de la Jeunesse et des Sports）

BPJEPS：Brevet Professionnel de la Jeunesse, de l'Éducation Populaireet du Sport

DEJEPS：Diplôme d'État de la Jeunesse, de l'Éducation Populaire et du Sport

DESJEPS：青少年・国民教育・スポーツ高等国家免許（Diplôme d'État Supérieur de la Jeunesse, de l'Éducation Populaire et du Sport）

BEES：2013年に廃止されたスポーツ教育者国家免許（Brevet d'État d'Éducateur Sportif）。スポーツ教育者初級国家免許（BEES1）、スポーツ教育者中級国家免許（BEES2）、スポーツ教育者上級国家免許（BEES3）がある。BEES1はスポーツの入門指導、BEES2は技術指導、BEES3はスポーツ教育者の最上級の資格で専門家・研究者など限られた者がもつ免許。

バカロレア：高校卒業資格

行うことはできないのです。無資格でスポーツ指導を行った場合（無償ボランティア）には、刑罰等の罰則が科せられます。

スポーツ省が有償のスポーツ指導者に交付する主な資格免状は以下のとおりです。

①青少年・国民教育・スポーツ職業免許（Brevet Professionnel de la Jeunesse, de l'Éducation Populaireet du Sport：ＢＰＪＥＰＳ）

二〇〇一年に設置されたレベルⅣの免状です。アニマトゥール（animateur：スポーツ振興員）の職業に従事するために必須の職業能力の所持を証明する免状で、取得した専門の範囲内でスポーツ振興員の職業に従事できます。仕事の内容はレクリエーション、遊びのスポーツとしてのスポーツ活動の指導を行います。また、特定の活動またはスポーツ種目ごとに交付されます。

②青少年・国民教育・スポーツ国家免許（Diplôme d'État de la Jeunesse, de l'Éducation Populaire et duSport：ＤＥＪＥＰＳ）

レベルⅢの免状です。取得した分野の範囲内で、技術コーディネーターまたはコーチの職業に従事するうえでの能力の所持を証明する免状になります。

フランスの柔道指導者免許

もともとあったスポーツ教育者国家免許（BEES、柔道の場合で言うと「柔道指導者免許」）は二〇一三年四月に廃止され、職業免許制度が大きく変更されました。この免許制度の変更は、スポーツの教育者としての免許からスポーツ従事者としての免許へ転換することを意味しています。その目的はスポーツ指導者の資質を上げるためで、資格取得に当たって、研修時間の増加、救急救命の資格取得の義務づけ、受講費の値上げが行われました。フランス柔道連盟のブルッス副会長によれば、「連盟が国家免許を出すということは、処遇と職責を与えることになり、それは柔道指導者として生計を立てられることにもなる。受講費の値段は決して高くはない」と述べています。

この免許制度改革は、指導者の質を向上させ、スポーツ愛好者のマーケットを拡大するスポーツの商業化とも言えるでしょう。

日本（表8）と比較すると、資格条件の基準の高さに瞠目します。

例えば、地域スポーツクラブ・スポーツ少年団・道場での基礎的実技指導を行う指導者

表10　フランス柔道指導者免許概要
（イルド・フランス州の場合、2013年当時）

免許名称	表　記	受験資格	受講費用
Assistant professeur de judo-jujitsu（柔道柔術準指導者）	CQP judo-jujitsu（国家免許ではない）	18歳以上・2段	1700ユーロ（22万9500円）
Professeur de judo-jujitsu（柔道柔術指導者）	BPJEPS Judo-jujitsu	初段（技術試験）・フランス国籍・救急救命資格・連盟研修センターの研修時間200～250時間以上・クラブ実習50時間以上	5947ユーロ（80万2845円）
Professeur de judo, Directeur technique de structure（柔道指導者〈上級〉）	DEJEPS Judo-jujitsu	フランス国籍・救急救命資格・連盟研修センターの教授法300時間受講後3年以上経過	9180ユーロ（123万9300円）
Entraineur／Formateur（指導管理者／職業訓練責任者）	DESJEPS Judo-jujitsu	連盟の実施要項を別途定め実施	

※1ユーロ＝135円で換算
出典：http://www.creps-idf.fr/Formation/Formations2013/Judo.aspx

資格にあたる、全柔連の公認柔道指導者資格を取得するための研修時間は、共通科目三五時間・専門科目四〇時間の総計七五時間となっています。

一方、フランスでは、全柔連の公認柔道指導者資格と同等のレベルで、研修時間を二五〇時間以上（道場実習を含む）、救急救命資格が必要とされます。

ちなみに日本体育協会の公認柔道コーチ資格は、国民体育（国内大会）大会に出場する場合に必要な指導者資格ですが、研修時間を共通科目一五二・五時間と専門科目六〇時間の総計二一二・五時間に設定しています。全柔連の公認柔道指導者資格は、日本体育協会の公認柔道コーチ資格（研修総計時間二一二・五時間）に比べると研修時間に差がありますが、全柔連の子ども（高校生以下）の登録は六一％であり、柔道人口過半数を支える初心者や子どもたちを指導する指導者の質が、フランスと比較すると、十分に保証されていないとも言えるでしょう。

遊びを取り入れた教育的なフランス柔道

フランスの柔道登録人口は約六〇万人です。そのうち約七五％が一〇代の柔道家です。

要するに、子どもたちが四分の三を占めています。フランスの六〇万人をエベレストに例えると、日本は富士山ぐらいです。全柔連登録人口は二〇一二年度で一七万五五四〇人、うち子どもの登録者は高校生が二万七二九一人、中学生三万九八一六人、小学生三万八八六三人、未就学児一四八三人で登録全体の六一％（一〇万七四五三人）の子どもが占めています。子どもが少なくて指導者が多いという釣鐘型になっています。

フランスの柔道人口の子どもたちが占める割合が大きいのは、柔道の普及がきちんとできているからです。なぜ子どもたちが多いかというと、教育的な柔道が求められているからです。エネルギーを発散する遊びの部分と、約束を守るというしつけの部分が柔道に組み込まれています。特徴的なのが、フランス柔道連盟がコードモラル（Code moral du Judo）という「八つの道徳」を設定していることです。これは、他のスポーツ競技団体にはみられない教育的な要素です。

礼節　La politesse C'est respecter autrui（他者を尊重すること）

勇気　Le courage C'est faire ce qui est juste（正義ある行動をすること）

誠実　La sincerite C'est s'exprimer sans deguiser sa pensee（自分の気持ちをありの

まま〈隠さず〉表現すること）
名誉　L'honneur C'est etre fidele a la parole donnee（善良な人に忠誠をつくすこと）
謙虚　La modestie C'est parler de soi-meme sans orgueil（高慢にならず、自分自身に語ること）
尊敬　Le respect C'est faire naitre la confiance（人を信頼すること）
自制　Le controle de soi C'est savoir taire sa colere（自分の怒りを心得ること）
友情　L'amitie C'est le plus pur des sentiments humains（人の気持ちをより純粋に感じること）

何度も言いますが、フランスでの子どもの柔道重大事故はゼロです。フランスでは一二歳以下の全国大会はありません。二〇一三年から親善目的の県対抗の団体戦が始まりましたが、日本の小学生大会のような緊張感はなく、ゆるい大会になっています。

とはいえ、この六〇万人の〝エベレスト〟から、オリンピックチャンピオンのテディ・リネール選手（ロンドン五輪男子一〇〇キロ超級優勝）、ルーシー・デコス選手（ロンドン五輪女子七〇キロ級優勝）を生んでいます。フランスは、ある意味、柔道事故などのリスクを回避しながら、競技者人口を増やし、その登録費で連盟の運営費をまかない、行政からの補助金に頼らない連盟の運営ができていると思います。

日本は、フランスよりピラミッドが小さくてもチャンピオンは五人、六人と輩出してきました。そういう意味では効率はいいのです。そのかわり、徹底した勝利偏重主義です。スポーツだから勝つことをめざすのは当たり前ですが、日本の柔道は〝勝てば何でも許される〟ようになってしまっています。例えば、チャンピオンだったら多少、やんちゃをしても許される、それに甘んじてしまうと、大きな不祥事につながるのではないかと思うのです。

勝つことを覚えることは、負けることを覚えることなのです。勝つときもあれば負けるときもある。競う楽しさ、きびしさもある。そこで勝利偏重にならないようにコントロールするために何が必要か。そこをきちんと時間をかけて言葉で教えるのが指導者なのです。

「めざめの柔道」の意味

子どもの死亡事故ゼロで、かつ成熟した柔道教育が展開されているフランスでは、「めざめの柔道」と呼ばれる子どもたちの導入教育が効果的に行われています。めざめの柔道

表11　フランス柔道のカテゴリーと階級

階級名	年　齢	男子階級（kg）	女子階級（kg）	レベル
Poussins（プゥサン）	8,9歳	階級は特に定められていない	男子同様	白黄色帯以上
Benjamins（バジャマン）	10,11歳	27,30,34,38,42,46,50,55,60,66,66超	32,36,40,44,48,52,57,63,63超	黄色オレンジ帯以上
Minimes（ミニム）	12,13歳	34,38,42,46,50,55,60,66,73,73超	36,40,44,48,52,57,63,70,70超	オレンジ帯以上
Cadets（カデ）	14,15歳	46,50,55,60,66,73,81,90,90超	44,48,52,57,63,70,70超	緑帯以上
Juniors（ジュニオール）	16,17,18歳	55,60,66,73,81,90,100,100超	48,52,57,63,70,78,78超	緑帯以上
Seniors（セニョール）	19歳以上	60,66,73,81,90,100,100超	48,52,57,63,70,78,78超	緑帯以上

※この他に42歳以上のVeterans（ベテラン）というカテゴリーがある。
※Cadets（カデ）から階級別団体戦があり、CadetsとJuniorsの団体戦では男子のみ外国人を一名参加させることができて、Seniorsの団体戦では男女とも外国人を一名参加させることができる。
※全国大会があるのはCadetsから上で、それより下のBenjaminsとMinimesは地区、県、ブロックの大会までである。

で最初に行うことは、「遊戯の柔道」です。まず畳の上でゴロゴロと転んだりします。遊びの中から楽しさを教えることで、「投げられる怖さ」を取り除くことを試みています。

一方、日本の柔道の場合、初心者指導ではまず危険回避のために「受け身」から行います。しかし、練習の後半になると、いきなり投げられたりします。安全のために「受け身」から教えているつもりが、転んだり投げられたりする「恐怖心」を植え付けることにもなっています。そして試合ばかりが優先され（もちろん試合規定はあるが）、安全に関する指導基準は全国で統一されていません。

フランスの柔道教育において、安全の取り組みの中で感じるのは、指導者の質と指導マニュアルの存在です。指導方法は競技偏重ではなく、教育的な取り組みをするために指導法が重視されています。その一つが色帯制度です。フランスでは年齢に応じて級が決められ、色帯をつけることになっています。その級は、技能範囲・道徳観が連盟で定められており、フランス全土で同じ方針で指導することができるのです。これはすでに商業化された段級制度（ライセンスビジネス）が確立しているので、子どもたちが昇級に対してモチベーションが上がるよう工夫されています。

もちろん、日本でも子どもの色帯は存在しますが、全柔連や講道館で統一されていません。各道場やクラブごとに指導者の裁量で決められています。つまり指導方針・方法、安全方針が道場で異なるということです。日本では、小学校一年生から全国大会を目指す競技志向の道場もあれば、フランスのような教育志向の道場もあります。

表 12　フランスの帯の色と年齢について

白　帯	0～6歳以下
白黄色帯	7歳以上
黄色帯	8歳以上
黄色オレンジ帯	9歳以上
オレンジ帯	10歳以上
オレンジ緑帯	11歳以上
緑　帯	12歳以上
青　帯	13歳以上
茶　帯	14歳以上
黒　帯	15歳以上

ここで注意しなければいけないのは、競技志向の道場や指導者たちなのです。よくこの議論になるのは、指導者の裁量を尊重すべきという現場からの意見です。そこには日本の指導者は技量がある、世界一の柔道家を育成できるメソッドを持っているという自負と、勝利偏重主義の傾向があります。

しかし、先述した全柔連の報告にあるように、二〇一三年度の会員登録人数が過去最少の一六万九三三三人となり、前年から減った六二〇七人のうち、約四千人が小中学生でした。少子化とはいえ、もし、本当に初心者を教えるノウハウやメソッドがあったら、こんなに子どもの登録が減少したでしょうか？　なぜ、日本だけ柔道事故が多いのでしょうか？

いま、日本の柔道は、裾野を広げないといけません。日本の子どもたち、親たちに信頼を得られるような柔道界にならなければなりません。「勝つ柔道」の強化だけではなく、普及、安全を包含した「遊びの柔道」の展開を考えるときではないかと思います。勝利偏重主義を脱却し、「遊びの柔道」の社会的価値が涵養されたとき、日本の柔道は、文化としてさらに発展するのではないかと思います。

日本の柔道が発展するために

これからの日本柔道の発展を考えると、職務と職責を保障することが重要なポイントになると考えています。

フランスでは、強化指定選手になると、ナショナルトレーニングセンター（ＩＮＳＥＰ）にみんなで集まり、三六五日の合宿状態になります。スポーツ連盟が選手を強化するのです。クラブにも所属していますが、どちらかというとスポンサー的な存在であって、クラブは強化というよりケアしていくという感じです。強化をふくめて責任はすべてナショナルチームのコーチと監督が担います。

そのためには、ナショナルチームのスタッフの処遇と職責がきちんと保障されなくてはなりませんから、スタッフは皆、スポーツ省の国家公務員（期間契約）となります。外国人の私も、ナショナルチームのコーチとなった時、国家公務員として、身分が保障されました。職責を感じ、処遇を確保され、安心して職務に集中できました。

私は、日本のナショナルチームの監督やコーチは、大学や企業などの所属から離れるべきだと思っています。そのかわり、処遇と職責はきちんと保障する。そうすれば、厳正な選手選考もできると思います。

全柔連は、いろいろな連盟、実業団、大学の連合体です。強化選手たちは、日本代表チームの強化合宿のときだけ一時的に全柔連に集まり、あとは所属での強化となります。それぞれの所属意識・帰属性が高く、ナショナルチームといっても帰属性はありません。

そして日本代表の監督やコーチにしても、常勤ではなく、例えば、監督でいうと、所属は大学教員で、監督は全柔連という半分半分のような形式になります。職責と処遇がきちんと保障されていません。強化委員会の指導者が、所属から離れ、職責と処遇が保障されて、情熱とコンプライアンス精神をもって選手強化をしていくことができれば、モチベーションが上がるし、コンプライアンス重視につながると思います。全柔連自体も、専任の職員を配置することが必要になると思っています。

二〇一一年八月、スポーツ振興法からスポーツ基本法に法律が変わったように、日本のスポーツの取り巻く環境は大きく変化しています。スポーツ振興法では、Development of Sports（スポーツの振興）が主たる目的であったのに対し、スポーツ基本法では、Development of though Sports（スポーツを通した社会発展）と、振興から社会発展のツールとなるスポーツへ、一段階上のステージに上がり、スポーツそのものの捉え方も大きく変化したことを意味しています。法律が変化したことで、環境庁や防衛庁ができたように、スポーツ庁が設立されることになります。

これまでスポーツ指導はボランティアという考えのもとに展開されていましたが、近い将来、フランスのようにスポーツ指導者の処遇と職責が明確になり、専門のスポーツ従事者としての地位が確立していくと予想しています。

Ⅴ　フランス柔道の指導者と選手の考え方

フランスでは「沈黙は罪」

私は二〇〇二年から二年間、フランスの柔道ナショナルチームのコーチを務めました。当時のフランスの女子柔道は、オリンピックの正式種目になった一九九二年のバルセロナから、二〇〇〇年のシドニーオリンピックぐらいまでが円熟期で、オリンピックチャンピオンも四人誕生しました。ところがその後、活躍していた選手たちが引退すると不毛の時代を迎えます。ベテラン選手の活躍の一方で、次の世代の選手が育っていなかったのです。

そこで強化方法をドラスティックに変えて、一四～一五歳のカデ、一六～一八歳のジュニア時代の選手からテコ入れを始めました。コーチもライバル国の日本から引っ張ることになり、呼ばれたのが私でした。

私はたまたま文部科学省の在外研究員としてフランスにいて、ナショナルチームで教えることもあったのですが、イブ・デルバン（現・フランス柔道連盟技術顧問）という強化副部長に声をかけられて、コーチになりました。

フランスナショナルチームのコーチ時代の著者。著者の右隣がデルバン氏

中に入ってみて驚いたのは、フランスのチームはとにかく会議が多く、毎回、練習前には会議が行われていました。特に毎週木曜日は選手強化について、テーマを決めて二時間も三時間もディスカッションをします。コーチたちは、自分のプレゼンスはどうあるべきかをいつも考えていて、会議ではどういうビジョンを持ち、選手強化についてどう考えているのか、そのためのアイデアがあるのかを問われました。

私は最初のころ、フランス語もあまりできなくて、全然発言ができませんでした。そうしたらデルバンに怒られました。「フランスでは、発言しないことは存在しないのと一緒、ちゃんと手を挙げて発言しなければ、誰もかまってくれないよ」と指摘されました。日本では「沈黙は金」ですが、フランスでは「沈黙は罪」なのです。それからの私は、出席したからには、自分は場違いだなと思ったりしても、必ず手を上げて発言するように心がけました。

デルバンから学んだこと

デルバンからは、コーチング、マネージメントについてたくさんのことを学びました。コーチや選手の性格を把握して、それぞれに合った仕事や練習のしかたを提供していました。

フランスの女性はものすごく個性が強いので、卓越したチャンピオンや元ライバルのコーチだと、選手とコーチの関係になっても衝突してしまうのです。その点、私はどこにも属さないから、女性として話しやすい存在だ、溝口でいこうと、デルバンはそこまで考えてキャスティングをしたと思います。

気がつくと、ナショナルチームの女性コーチは、私一人だけになっていました。それまでは女性の元チャンピオンがコーチをしていましたが、ちょうど子育て期間中で、合宿のときには家族も一緒にきて、合宿所のちかくにホテルを取って休み時間に家族と会ったりして努力していました。しかし、オリンピックが近づいてくると、大会出場権をかけて海外遠征も増えてきます。彼女は「もう疲れた」とこぼし、五輪直前にやめてしまいました。コーチ業と育児の両立は本当に大変だと思いました。ナショナルチームでも離婚しているコーチが大半でしたから、家庭を犠牲にすることが多い職業だと思います。

デルバンは指導者として演じているところがあって、本当はすごく優しい性格なのですが、責任者として選手たちとは一定の距離を取って威厳を保っていました。フランスの場合、挨拶のときにビズ（頬にキス）をするのですが、デルバンは絶対にしませんでした。選手たちとの挨拶ですら、いつも初対面の人にする握手のみです。ビズどころか笑顔もみせず、選手とは明らかに距離を置いて接していました。

当然、選手にとってコーチは友達ではありませんが、フランスの場合、日本と違ってそのへんがルーズになりがちなのです。実際、女子選手と男性コーチが恋愛関係になって結婚して、女子担当コーチから男子担当コーチに変わった途端、すれ違いが多くなり離婚してしまったケースもありました。フランスは〝愛の国〟ですから、恋愛には非常に寛容ではありますが、そのことで選手に対する「贔屓」となってしまっては話になりません。そのへんに関して女性は敏感ですから。

そこで、コーチ陣の約束事では、選手と一対一で食事をするのはやめる、コーチとして選手に個人的に話さなければいけない時は、オープンなレストランにする、それ以外は絶対に食事に誘われても行かない（接待は受けない）というのがルールになっていました。私も選手だけでなく、選手の家族からもよく食事を誘われましたが、一切断りました。

フランスでは体罰や暴力がない代わりに、規則はとても厳しいものでした。約束を守らない場合はＩＮＳＥＰ（ナショナルトレーニングセンター）から追放したり、強化選手をクビにするなど、罰則規定が確立していました。

また、フランス人は宗教も民族もセクシュアリティ（性的志向）も本当に多様で、選手にもいろいろなタイプがあります。女性の指導者が増えれば体罰がなくなるということは全くなくて、女性の指導者でも殴る人は殴ります。逆に男性より酷かったりするケースもありますし、女性だから非暴力的だとは言えないと思います。セクハラも同様です。女性であっても、権威や利権のあるポストに収まれば、ハラスメントをする加害者になりうるのです。さらには、女には女の「ムラ社会」があって、陰口を言って足を引っぱり合うこともあります。

とにかく、フランスの指導方法は千差万別で、コーチたちは、いかに選手の個性に合わせていくかを考えていました。選手の力を引き出すさまざまな方法をコーチが持っていて、それをコーチ同士が話し合い、選手の個性に応じた指導方法を見つけていく、それがフランス流でした。

フランスの選手は日本人のように何度も繰り返す練習は苦手なので、いかに短い時間で効果的に集中してできるか、そのためには練習にも面白さがないと伝わらないのです。彼らに合わせた指導法を考えるためには、指導力プラス言語力プラス、プレゼンテーション能力が必要でした。

選手一人ひとりの個性を大切にするという意味では、毎週水曜日はプライベートレッスンを設定していました。代表選手だけに与えられる特権でした。コーチが代表選手一人にマンツーマン指導で技術面を教えます。もちろん、メンタル面も含めてです。選手にとってはたった一時間ですが、コーチは他の選手もみなければいけないので、結局、担当選手を六人くらい受け持っていた私は一日中、柔道衣を着て道場にいました。

暴力ではなく、エビデンス（言語化）の活用

フランスでもトップクラスの選手はそれなりに過酷な練習をしているのですが、私が日仏の現場で痛感してきたのは、選手に対して指導者がスポーツ科学の知識を言語化することができるかです。これに尽きると思います。例えば、日本では試合に負けたときに、指導者がとにかく罵倒します。「なぜそこで攻めんかったんや！　ばかやろう！」とひたすら罵倒、最近は見なくなりましたが、ビンタやゲンコツ、蹴りなどを目撃する場面もありました。そそのうえ、日本では、試合で負けたらもちろんのことですが、勝ったとしても勝ち方が悪かったと殴られるのです。ここには科学や知性は存在しません。コーチの言うとおりの戦い方をしなかったのにもかかわらず、結果を出してしまったから殴っているのです。

フランスではそんなことはしません。試合が終わると、「はい、こっちに来なさい。さっきの試合をビデオで見ます」と、自分の負けた試合を見ながら、指導者と敗因を分析し議論するのです。根性も確かに大事かもしれないけれど、負けた原因が根性だけではないことは確かなことです。相手だって勝つために一生懸命戦うのですから、根性だけで勝

てるほど甘くはないのです。にもかかわらず、日本では根性があればなんでもできるみたいな精神論がまだ根っ子にあります。そのせいで、選手が技術的になぜ負けたのかがしっかり分析できず、集中力がなかったから負けた、プレッシャーに負けたからで終わってしまうのです。

試合においては、戦略が重要です。しかし、これまで日本の柔道は、その戦略を考えず、インテリジェンス＝情報収集の仕方がなっていませんでした。例えば、私が一〇年前にコーチをやっていたフランスではすでに、あらゆる試合のビデオがキチンと整理整頓されてデータベースになっていました。日本も持ってはいるのですが、私が選手だったときは、観たい映像を探すのに一時間はかかっていました。つまり、データベースとして全く機能していなかったのです。今ではデジタル化したので従前よりは、かなり改善しているはずだと思いますが……。

フランスでは、一九八〇年代以降、すべての試合をデータベース化していて、大会のトーナメント表をクリックすれば、すべての試合の映像を観ることができるようになっています。いまではタブレットにデータを移して、試合中でも観ることができる。データベースを活用する考え方が全く違っていました。

そして、コーチだけでなく、戦略担当コーチもいっしょに映像分析し、議論して選手と戦略を立てます。日本には戦略担当コーチは現在もいません。フランスには一人の選手に対して、コーチがすべての業務を担うのではなく、テクニカル担当、フィジカル担当、寝技担当、立技担当、ピーキングプログラム担当（重要な大会に向けて、コンディションを合わせていくための調整担当）など、複数のコーチが分業して選手を支えていました。

フランス柔道の特徴――ピーキングを取り入れる

フランス柔道の選手強化の特徴の一つに、ピーキングがあります。ピーキングとは、重要な大会へ向けてコンディションを合わせていくための「調整」のことです。日本柔道にはその考え方がありません。柔道の公式試合は、国際・国内大会を合わせると年中試合があるのですが、それらにすべて出ていては自分が壊れてしまうから、自分で調整し、ピークを作りあげていく。今年のピークは世界選手権だと決めれば、その前にあるグランドスラム（フランス、ロシア、ブラジル、日本で行われる四大会）などは、彼らにとっては「練習」です。

日本の選手の場合は、とにかくすべての大会に出場して、怪我をしていても無理やり出場して、それでいて毎回「金メダル！　成績を残せ」と強く言われる。私は、二五歳で現役を退いてしまったのですが、フランスの柔道のやり方を見たときに、〈私、もうちょっと長く柔道ができたのかも〉って思いました。短い期間で消耗しすぎたことに気づきました。

フランスでは世界クラスになると、年間で自分が出る大会を選ぶことができます。もちろん世界チャンピオンでなくても、自分が出場を希望する大会を選ぶことができるのです。わがままではなく、それで結果が出なければ、代表落ちになるのですから自己責任ということになります。

日本の柔道選手はよく、「練習量は絶対に外国人選手には負けてない。日本のほうが絶対量が多い」と自負して海外遠征から帰ってきます。海外の練習に比べれば、日本のほうが柔道の練習量が非常に多いと思います。たしかに畳の上の練習では日本人のほうが多いかもしれませんが、それ以外の、例えばウエイトトレーニング、水泳、高地トレーニング、サッカー、陸上トレーニング、コアトレーニングなどは、外国人選手のほうが日本人より質も量も圧倒的にこなしています。

私も現役時代、「練習量だけは外国人選手には負けない」と自負していましたが、フランスのコーチになってわかったことは、外国人選手が死にものぐるいの練習をこなしているのを見ていなかっただけなのだとわかりました。柔道だけの練習量は世界で一番かもしれないけれど、練習の質や量をトータルで考えたら、外国人も日本人も差がないと気づきました。

日本では、乱取り（相手を変えて行う実践練習）や基《もと》立ち稽古（選手一人に対して、入れ替わり立ち替わり選手が掛かっていく練習）三〇本連続とか、寝技を二時間とか……それはもうフラフラになります。フランスの選手が日本にきてそういう練習をすることはありますが、年に一度くらいです。日本はとにかく、同じことをひたすらやりたがる。長い乱取りをやって、乱取りの中で技を覚える――とにかく「質よりも量」の練習方法が基本なのです。

質に関しては、日本人は無頓着です。練習量が多くなれば当然、消耗もするし怪我も多くなります。意識するべきなのは、練習の質を多様にし、バランスよくトレーニングすることで、ケガのリスクを軽減して効果的に強化することです。

とりわけ、日本の男子一〇〇キロ級が現在低迷しています。二〇一四年の世界選手権では、代表選考基準に届く世界レベルの選手が不在で派遣を見送ったほどです。なぜ低迷しているのかというと、今日だけでなく以前からこの階級は日本人には不利な階級と言われています。なぜならこの階級の選手は、一九〇センチメートル台の長身で体格の大きい欧米選手ばかりです。日本人では一九〇センチを超える選手は柔道ではなく、バスケットボール、ラグビーなど他の競技スポーツをする傾向があります。

加えて欧米の選手は、体格がいいだけでなく身体能力も高いのです。一九〇センチ、一〇〇キロの脂肪のない筋肉隆々とした身体の選手ばかりです。「柔よく剛を制す」という、体の小さいものが自分より大きいものを倒すためには、フィジカル（身体能力）面で相手より優れていることが前提ですが、日本選手の場合、「技」云々の前に体力面で負けていることが原因です。

この課題を乗り越えなければ二〇一六年のリオデジャネイロ五輪の出場権も逃してしまうかもしれません。フィジカル面が向上したら、今持っている技術は相乗的によくなると思います。小さな選手でも素早く動くことで、相手に投げられにくくなり、投げるチャンスが増えると思います。

フランスでは初心者でも、バランスのよい身体を作るために右技と左技を同時に習います。日本では右組み手なら右技だけの技、左組み手なら左組み手の技を習得するのみです。

要するに、「スポーツ科学の知識」が日本柔道ではまだ十分に活かされていないのです。フランスの選手によると、日本では同じ練習メニューで同じ量を毎日こなすので、これでは飽きてしまうし、身体に刺激がなくなってしまうと言います。これはトレーニング科学の基本的な考え方で、以下の七原則を周知徹底することが重要です。

(1)過負荷の法則（オーバーロードの法則）：トレーニングを行うときは、ある一定以上の負荷で運動しなければ効果が現れない。同じトレーニングを続けていくうちに体が負荷に適応してしまい、トレーニング効果が薄くなる。
(2)漸進性の法則：トレーニングの質と量は、少しずつ増加させていく。
(3)全面性の法則：トレーニングはバランスよく行う。筋力、持久力、瞬発力、敏捷性、平行性、柔軟性といったように、いろいろな要素を取り入れる。
(4)反復性の法則：トレーニングは、即効性はないので、効果をあげるためには、適度な間隔で繰り返し反復、継続する。
(5)個別性の法則：トレーニングの効果を最大限に引き出すためには、個人個人に合ったトレーニング内容を考慮する。

(6)意識性の法則：トレーニングや練習を行う選手自身が、「なぜトレーニングをするのか」「どの筋肉を使ってトレーニングしているのか」といった目的や目標意識をもつ。

(7)特異性の法則：競技特性や個人差があるので、種目や体格に適合するトレーニングを行う。

これらは、柔道の指導者も当然知っていると思うのですが、お家芸の柔道となると、「科学を超越した神秘的な奥義が柔道にはある」という間違った認識もあるかと思います。この知識があれば、五分×一〇本の乱取りを毎日やることがいかに効果がないかわかるはずです。量にとらわれず質・内容・個別性・ピーキングなど、選手一人ひとり違うはずなのです。コーチはそこまで管理できませんから、自分でつねに目的意識をもち、コントロールしていくことが大切なのです。

これからの日本柔道に必要なもの

私は、今の女子チームにとって組織的に必要なものは、外国人コーチと女子強化委員長の存在だと思います。

スタッフのキャスティングを考える際に、いかに多様な人を置くことができるか、そしてその中の一つに「女性」というセクシュアリティがあるという考え方が必要なのではないでしょうか。その時に最も大切なのは、多様な人間がそれぞれ自分の考えを言語化できる、自分の意見をきちんと発言できることだと思います。事なかれ主義で「見ざる・聞かざる・言わざる」の体質では、組織の自浄能力は生まれません。

柔道の女子選手一五人が弁護士を通じて、監督の暴力を告発したのは、まさにその前の段階で「見ざる・聞かざる・言わざる」の状態だったからでしょう。そうではなくて、「見せる・聞く・発言する」――そうすれば男だろうが女だろうが、自浄能力が高まってくるでしょう。これからは、柔道だけでなく、あらゆる部活動（文化系も含めて）において、上意下達で上に物が言えない、イエスマンでなければ偉くなれない、トップ・オブ・ザ・トップにならない限り発言力が持てないという組織は保たないと思います。トップの偉い人たちにちゃんとしたロジックで説得できるかどうか、ガバナンスのうえでは、「沈黙は罪」という感覚を持つことで初めて、組織の中にハーモニーが生まれると思います。

強化だけでなく部活動の現場では、選手が発言することにものすごく抵抗感を持つ指導者が多いことです。これはフランスでも同じですが、難しい問題です。選手は指導者に頼り切って物も言えない、だから自立しないし、自分の頭で考えることをしない、今まで自分で考えたことがないから、考える方法がわからない、わからないから指導者に頼る、ムラ社会に頼るしかないというサイクルになってしまうのです。ムラ社会の中ではチャンピオン、名士でいられるけれども、外に出たらただの腕っぷしの強い男、そのあたりのギャップが一連の全柔連の不祥事への対応にもよく表れていたように思います。

「白線黒帯」と「黒帯」の間にある根深い問題

二〇一三年、男子インターハイ重量級二位の田上創選手が、二年間浪人して東京大学に合格しました。このニュースを知って、柔道界は「反知性主義」だったところから、徐々に変わりつつあるようだと感じました。私が現役だった当時は、まだまだ「反知性主義」がスタンダードでした。私の祖父が社会科の教員だったこともあって、大学では社会科教員免許を取りたかったのです。大学で専攻したのは教育学部の保健体育科でしたが、社会科が得意で、本当は社会の先生になりたかった。そこで、社会科の教員免許取得のカリキュラムを取ろうとしたら、周囲から「そんなものはとるな」「本気で五輪をめざすんだったら、そういう余分なことはするな」とさんざん言われて驚きました。

柔道をやる人は、柔道一本でいかなければいけない、他のことは考えちゃいけないのです。柔道を選ぶということは全部を犠牲にしなくてはいけない……しかし、その考え方はおかしくないでしょうか。たしかに、本当に強くなるためには、それくらいの考えが必要なのかもしれないけれど、柔道選手は自分のセカンド・キャリアについて、もっとしっかりと考えるべきだと思います。私の先輩が「余分なことはするな」と激しく非難したのは、とにかくみんな同じレールに乗らないといけないから、私みたいな異端児が出てしまうと困るのです。なぜならそのシステムが壊れるからです。

柔道だけやっていればいい——という日本の考え方は世界では通用しません。フランスでは、柔道だけをやっていて残れるのは、ひと握りの世界チャンピオンだけです。大学で学位をとるなどしないと、セカンド・キャリアが見込めないわけです。柔道のコーチになるという選択肢もありますが、それもごくわずかです。フランスの選手たちは常にセカンド・キャリアに対する危機感というものを持っていました。だからこそ、柔道だけに時間を割くことはできない、日本みたいに、レールに乗ってしまえば就職までできる、というわけにいきません。柔道に専念できないという点では、柔道の競技力向上を考えるうえではよくないかもしれませんが、バランスのとれた人間という意味では、こちらが正常です。おそらく今回の暴行問題で、仮に男子選手一五人が訴えたとしても、大した問題にならなかったはずです。「根性がない」で終わってしまう。しかし、今回は女子チームだったからこそ、ここまで大きな問題になったのです。

ここで考えなくてはいけないのは、柔道事故で亡くなっている子どもたちのほとんどが男の子なのです。こんなエピソードがありました。

私が、日本の女性柔道家だけが白線黒帯を締めなければいけないことにジェンダーバイアス（性差別）を感じると話したときのことです。

ある柔道の先生が、「女子の白線黒帯は、『女子』と明確にわかるから乱取りをする際に、手加減して投げることができる。だから女性保護のために女性は白線黒帯のほうがいい。実際、そのおかげで女子のほうが男子より柔道事故が少ない」と、私に言いました。

私は「それでは女子が男子と同じ黒帯にすることによって、女子の柔道事故は増えるのでしょうか。フランスでは男女同じ黒帯でも柔道事故はゼロです。それを言うのなら男子の柔道事故を減らすために、力の弱い男子の場合には、安全のために白線黒帯をつけさせたほうがいいと提案すべきなのでしょうか？　それは笑止千万です」と答えました。

この時、柔道界の根深い体質をみた気がしました。だから全柔連は、今回の暴行問題が起きた時に、当初は「女子の事案」としか思っていなかったのだと確信しました。

実際、体罰・暴行問題は、女子よりも男子の世界で多く起きていたのにもかかわらず、男子であるがゆえに顕在化しにくかったというのも男のムラ社会の特徴です。

柔道界の脆弱さがここにあります。権力が一極集中してしまって、上に物を言えない体制――男たちのムラ社会だからです。彼らには「学閥」があり、「就職先」があり、その上に連盟の「ポスト」があります。そういう利権の中で生きています。今回の一連の不祥事でわかったのは、柔道を通しての繋がりというのが、「精力善用自他共栄」（柔道で培った精神や肉体を、社会の役に立つことに用いることで互いに助け、互いに譲りあうことができる）という「理念」や「志」ではなく、カネやポスト（役職）という〝接着剤〟で組織が固められていました。利権を分配しつつ、一部が搾取しているという構造があったとも言えます。

世界女王・デコス選手のインタビュー

最後に、私がフランス柔道ナショナルコーチの時代に指導した、二〇一二年ロンドン五輪金メダリストのルーシー・デコス選手（インタビュー当時三三歳）に、日本人とフランス人の柔道に対する考え方の違いについて尋ねたインタビュー（二〇一四年九月実施）を紹介します。

デコス　外国人選手の打ち込み（相手を投げる寸前までの一連の動作を反復する練習）が下手くそだと日本人選手は思っているかもしれませんが、なぜこういう下手くそな打ち込みをしているかわかりますか？　実は、下手ではなく、形にこだわらず、試合のイメージを常に考えて打ち込みしているのです。感覚の打ち込みです。日本選手は打ち込みで技の形やパワー、スピードを鍛える感覚ですね。私たち欧州人は乱取りや投げ込みでそれをやります。

溝口　つまり打ち込みは技を磨くためのものではなく、感覚を養うためのイメージトレーニングですね。

デコス　日本人選手は、「二本（引き手＝袖、釣り手＝襟）もったとき」「間合いをとったとき」に技をかけます。それは欧州人にとっては周知の事実。逆に言えば「二本もったとき」「間合いをとったとき」にしか、技をかけられないのです。だからその逆を欧州人はするんですね。日本人選手の弱点は、自分の形どおりにならないとパニックを起こすことです。私たちはそこを狙うのです。

日本人選手の技術はトップですよ。でも柔道はそれだけでは勝てないのです。「豪快に投げて一本をとる柔道」「きれいな柔道」は私の理想ですし、日本の柔道だと思います。でもそんな単純なものではない。それだけでは勝てないでしょ？　勝つことと一本をとることは全く別なことなのです。

それに気がつかないと、きれいな柔道をしても勝てません。結局、指導（反則）を累積していく柔道に負けちゃうんです。

たしかに指導を累積する柔道はかっこ良くないですよね。とるかとられるかの柔道の試合はダイナミックで面白いです。私も技の攻防が大好きで、一本をとる柔道を理想として練習をしてきました。二〇〇四年のアテネ五輪の時も、そのシーズンの大会はすべて優勝し、絶好調で初めての五輪に臨みましたが、ペナルティを狙う選手に「指導」とかで負け

ルーシー・デコス選手と著者

ました。次の二〇〇八年、勝負だと思い、北京五輪に臨みました。それでも決勝では谷本歩美さん相手に一本を狙ったばかりに焦ってしまい、引き手をもたずに大内刈りをかけ、谷本さんに内股で切り返され負けました。もう五輪では勝てないと正直思いました。

溝口　なぜ、それでもあきらめなかったのですか？

デコス　負けた直後は頭の中が真っ白になり、脱力感だけでした。なぜ、私は一本を取る柔道ができるのに勝てないのか？　なぜ、指導とペナルティーをねらうせこい柔道に負けるのか？

そのことを考え続けました。

その答えは、せこい柔道をする選手は、きれいな柔道には勝つけど、せこい柔道には負けるのです。だったら、一本をとる柔道だけでなく、私もせこい柔道をする選手に対しては、同じようにせこい柔道をすれば勝機は生まれると考えました。

それは自分のこだわりを捨てること、自分の殻を破ることが大切だと気づいたんです。私には自分の柔道に幅を持たせることが必要でした。一本をとる柔道を追究しつつも、相手によってはせこい柔道をしたほうが確実に勝てる場合があることに気がついたのです。それは戦い方に多様性をもたせるということになります。チャンピオンになればなるほど、何通りもの戦略や技を持っていないと、相手に研究されてしまいます。引き出しが多ければ多いほど、さまざまなタイプの選手に対応できます。今の情報社会では簡単に映像研究されてしまうから、得意技ひとつだけで世界のトップに立てるほど甘くはないのです。

日本人選手は自分の得意技をすべてのタイプの選手に効くよう、掛け方や技にこだわるけど、同じ技でも対戦相手によって反応は一人ひとり違います。だから自分の得意技がすべての選手に掛かるように技を磨くほうが、時間がかかるし、限界もある。それより発想を変えて、全く違う技を掛けたほうがよっぽど簡単で効果的です。

柔道とは「相手の力を最大限利用することで自分の力に変えること」。

自分の技だけでは限界があるのです。発想を変えて、自分の技ではなく、むしろ相手の技や力を利用して勝つことこそ、柔道の理論にもとづいているのだと思います。

溝口　この柔道の理論は、技術だけでなく、精神面でもあなたの挫折を乗り越えるきっかけになっていたと思います。私がコーチしていたころ、あなたは、「私は柔道家ではありません。アーティストなんです」とよく言っていたけど、それはどういう意味だったの？

デコス　それは一本をとる柔道にこだわり、観客を魅了する技のアーティストを目指していたのです。

溝口　しかし、そのことで勝負に徹することができなくなってることに気づいたんですね。

デコス　柔道は戦いなんです。試合に出る以上は勝負がすべて。それなのに技にこだわっていたから負けたんです。だから技のこだわりを捨てて、徹底して勝負を追究することにしたんです。私は、苦手なせこい柔道を受け入れることで勝負にこだわる勝負師の戦法を身につけることができた。そのことで自分の殻を破ることができたのです。

溝口　アーティストの柔道家に勝負師が加わったことで最強チャンピオンになったのですね。

デコス　もう一つ、ロンドン五輪とそれまでの五輪で大きく変えたことはピーキングですね。私は五輪チャンピオンになった年は、五輪を含めて三大会しか出ていません。一つはパリ国際、二つ目は小さい国際大会（ルーマニア）、三つ目が五輪の本番。チャンピオン、とりわけ連覇していくとなると、モチベーションをいかに維持して高めていくかが鍵となります。ちなみに、テディ・リネール選手（ロンドン五輪チャンピオン）は今年（二〇一四年）二回だけしか大会に出てませんよ。

溝口　怪我をしたとか理由がないと、日本では出場する大会を選手は選べません。

デコス　えっ、日本の選手は自分が出場する大会を選べないのですか？　確かに私も二〇代のころは年間一〇大会くらい出ていました。でも、チャンピオンになってそんなに出ていたら、研究されるし、心身ともに消耗して、五輪本番に向けてピークにもっていけません。いかに大会を最小限に留めるかも重要なポイントです。

フランスでは世界チャンピオンのレベルになると、選手が参加する大会を選んで出ることができます。それで結果を出せなかったら自己責任、チャンピオンの座を失うだけ。結果がコミットすればいいのです。谷亮子選手はそのへんが日本人選手の中でも上手でしたよね。

溝口　トレーニングに向けてはどう取り組んだのですか？

デコス　自分の柔道の特徴が出るように瞬発力を高めるトレーニングを多くしました。意外かと思うかもしれませんが、ウエイトトレーニングは左肩が悪いのでやりません。特にベンチプレスはできませんでした。

それと、さっき言ったピーキングだけでなく、男子との練習を取り入れました。日本でも多くの男性の練習相手がいますが、あくまでも練習相手で、女性相手ということで真剣勝負の乱取りをしていませんよね。私はフランス国内では無敵でしたから、女子選手と競った練習ができませんでした。そこで、男子ジュニアの選手と本気でバトルしてましたよ。相手もジュニアと言えどもフランス代表の男の子、女にやられてたまるかって本気でかかってきました。だから、男子ジュニアにとっても、私にとっても、ものすごくいい練習ができました。

日本の練習を見ていると、男性は女子選手に優しすぎますよ。なれ合いになりすぎです。もっと男性は女性に対して本気で競った乱取りをしないと、ただの練習のためのパートナーになってしまいます。恵まれすぎて気づけないかもしれないけれど、男子と練習をしているということが逆に自己満足で終わってしまい、自信過剰になってしまいます。男子ではなくて、自分の柔道に合わせて乱取りをしてくれる、あくまでも練習パートナーであることを忘れてはいけません。

本気で男子と稽古したければ、全日本のジュニア代表の合宿に参加して真剣勝負でやるほうがいいと思いますよ。私も男子を真剣勝負でボコボコに投げて、相手の本気を引き出しました。私も、世界チャンピオンですから、ジュニアの男子に投げられると悔しいし、相手の男子も、女子の世界チャンピオンと言えども、自分は男だから、女に投げられてたまるかとなり、お互いが切磋琢磨できました。

溝口　日本チームが外国人コーチを導入すると思いますか？

デコス　難しいと思います。日本柔道は家元意識が強いし、一番強いと思っているから。私もフランスではそう言われるんです。「日本に練習に行ける！」と喜んでいると、周囲は「世界チャンピオンなのに、日本に行く必要なんてないでしょ」と。それじゃ、自分の殻を破れない、進化できませんよね。そういった意識がなくなったときに、日本柔道はもっと強くなるでしょうね。まだまだ日本のスタイルにこだわりすぎて、それが自身の弱点になっていることが見えていないような気がします。

デコス選手の発言の中には、国際化・多様性の求められている中で、日本柔道が見えていない大切なものが示唆されています。このインタビューから、見えないものを言語化していく彼女の聡明さも発見できることでしょう。とりわけ瞠目したのは——

柔道とは「相手の力を最大限利用することで自分の力に変えること」。自分の技だけでは限界があるのです。発想を変えて、自分の技ではなく、むしろ相手の技や力を利用して勝つことこそ、柔道の理論にもとづいているのだと思います。

という言葉。彼女は柔の理を見事に体得し、チャンピオンになったのだと思いました。一本の柔道の奥義や柔道の哲学は、日本人にしか体得できないのではないのです。真剣に努力し、道を極めた者だけが体得できる「生きる術」なのだと思いました。

あとがき

本稿を執筆していた二〇一五年一月七日、フランス・パリにある風刺週刊紙シャルリー・エブド（Charlie Hebdo）がイスラム過激派の男らに銃撃されました。まさにフランスはテロとの戦争に入ったと言えます。

襲撃されたシャルリー・エブド紙は、物事を批判するために、文字ではなく、風刺画で表現します。ある意味、文字よりも絵の方がより刺激的だと思います。なぜなら言語がわからなくても、絵は誰にでも容易に理解でき、直接的に伝えることができるからです。もちろん言論・表現の自由は大切であり、暴力に屈するべきではありません。とはいえ、相手が「侮辱された」と感じる、行き過ぎた表現は、暴力に変貌するリスクも持っていることを改めて感じました。

「批判すること」と「侮辱すること」は違います。だからこそ、描く側のモラルも問われると思います。出版にも同じことが言えるでしょう。本書では「柔道ムラ」を痛烈に批判しています。もしかしたら、現在の柔道ムラの中にいる柔道家にとっては、本書を読んで「侮辱」と感じる人もいるかもしれません。しかし、私は侮辱するつもりはありません。「批判する」ということは、良いことと悪いことを検証し、「不可視化している問題」を顕在化することです。それは相手の名誉を傷つけたり、辱めたりすることではないのです。それこそが言論・表現の自由の原点であると思います。

本書では、変化する時代の中で、柔道を通して日本のスポーツ、教育がどうしたらよりよいものになるのかについて提言しています。そのために、これまでブラックボックス化していた柔道事故や部活動の暗部について言及しなければなりませんでした。本書を上梓するにあたり、私が中学生の時に体験した柔道事故について、当時生徒だった柔道関係者に取材をしました。取材を通して、私の長年のトラウマが、当時の生徒も同じように抱えていることを知りました。事故当時を振り返り、取材することで、私自身の心の痛みが癒えました。心の奥底に閉じ込めていた思いを語ってくださったみなさんに、心から感謝申し上げます。

また、ロンドン五輪チャンピオンのルーシー・デコスさんには、特別インタビューに応じていただき、深く御礼を申し上げます。彼女のインタビューが、読者の方々の柔道に対する見方を変えるきっかけになると確信しております。彼女のインビューや私のフランスコーチ時代のエピソードからわかるように、フランスにおける柔道は、相克する民族や宗教のなかで中庸を得てきたと思います。

前述したように現在のフランスは未曾有の問題に直面しています。自由・平等・博愛の精神を掲げたフランスは、格差が拡大し、多民族を抱える社会問題をどう乗り越えていくのか。柔道、スポーツはそれらの困難な問題を乗り越える力を持っていると確信しています。

最後に、本書の出版企画から熱心にお導きくださった高文研の真鍋かおる氏に心から御礼を申し上げます。一年前、拙著の『性と柔』（河出ブックス）を読んでご連絡をくださったのが、本書を出版するきっかけになりました。「日本とフランスの柔道を通して、なぜ、今の日本柔道界を覆う勝利偏重主義が生まれたのか、日本柔道の宿痾を書いてほしい」という要望でした。ご期待どおりの内容になったかわかりませんが、魂を込めて筆を執りました。本書が日本柔道、スポーツのさらなる発展を遂げる一助になれば幸いです。

二〇一五年一月吉日

溝口紀子

溝口 紀子（みぞぐち・のりこ）

1971 年静岡県生まれ。静岡文化芸術大学文化政策学部国際文化学科准教授。専門はスポーツ社会学。92 年、バルセロナオリンピック女子柔道 52kg級銀メダリスト。96 年アトランタオリンピックにも出場。2002 ～ 04 年、日本人女性で初めてフランスナショナルチームのコーチを務める。13 年 2 月、全日本柔道連盟評議員に就任。14 年 10 月、静岡県教育委員会委員長に就任。

主な著書に『性と柔―女子柔道史から問う』（河出ブックス、2013 年）がある。

日本の柔道 フランスのＪＵＤＯ

●二〇一五年 二 月二五日 ―――― 第一刷発行

著 者／溝口 紀子

発行所／株式会社 高文研
東京都千代田区猿楽町二―一―八
三恵ビル（〒一〇一―〇〇六四）
電話 ０３＝３２９５＝３４１５
http://www.koubunken.co.jp

印刷・製本／モリモト印刷株式会社

★万一、乱丁・落丁があったときは、送料当方負担でお取りかえいたします。

ISBN978-4-87498-562-5 C0075